मधुर स्पंदन

(प्रणय व श्रृंगार की श्रेष्ठ कवितायें)

अरुण कुमार जैन

ISBN कवर पृष्ठ पर

© अरुण कुमार जैन

स्पंदन SPANDAN
(Poetry of Love and affection)

प्रथम संस्करण : 2024

मूल्य : कवर पृष्ठ पर

प्रकाशक : नोशन प्रेस, चेन्नई

कवर व अभिकल्पना : श्री हेमन्त भोपाळे, उज्जैन

समर्पण

आज भौतिकवाद, भोगवाद के

पराकाष्ठा काल में

भी कान्हा, राधा व गोपियों

जैसा पवित्र प्रेम करने वालों को

अपनी बात

प्रेम, अनुराग, प्रणय वह अनुभूति है जो मानव मन में सहज़ ही उत्पन्न होती है। आज से लगभग 5 दशक पूर्व 1970 के आसपास सामाजिक उपन्यास साहित्य की सहज़ उपलब्ध विधा थी, जो उस समय मनोरंजन के सशक्त माध्यम थे, उनमें नायक, नायिका के बीच असीम प्रेम की भावनाएं व समर्पण का चित्रण होता था, उन दिनों भारतीय सिनेमा में भी यही प्रचुरता से दिखाया जाता था। उनको पढ़कर या सिनेमा देखकर यह सोचता था, यह किताबों व सिनेमा के पर्दे पर ही होता है, कपोल कल्पित कहानियों की तरह। इन सब का यथार्थ से कोई सम्बन्ध नहीं होता है।

कुछ वर्ष बाद स्वयं मन में इस तरह की अनुभूति व भाव उत्पन्न होने लगे। एक अद्भुत आकर्षक जिसमें न पैसा था, न यश, वैभव की चाह न अन्य विशेष उपलब्धि थी, फिर भी 'दिल है कि मानता नहीं.. के भाव हृदय में एकाधिकार जमाने लगे। पढ़ाई, कर्त्तव्य निर्वहन, स्वास्थ्य व अन्य सामाजिक, पारिवारिक कार्य इस भाव के आगे बौने लगने लगे, तब जाना, यही प्यार, प्रेम, अनुराग, सम्मोहन, Love है जिसका वर्णन हर साहित्य में, लोककथाओं में युगों-युगों से होता आ रहा है। यही मोह, आकर्षक, समर्पण जिसके समक्ष अन्य सब छोटे व बौने लगते हैं। यह अमीरी, ग़रीबी, जाति, धर्म, ऊँच, नीच, स्टेटस, नगर, देश की सीमाओं को नहीं मानता। मानता है तो अपने मन के मृदुलभाव व उनकी पूर्णता के लिए किसी अपने का साथ जिसको देखकर, सुनकर, साथ रह कर, भाव भंगीमाओं में सहभागी बन असीम तृप्ति की अनुभूति होती है। उन्हीं दिनों इन प्रेम, प्रणय, मोह की रचनाओं का सृजन होने लगा, जो मेरे अपनों को बहुत अनुरागी लगती थीं व इनका पाठन बड़े चाव से हम करते थे।

दाम्पत्य सूत्र में बंधने पर इनमें प्रचुरता हुयी, भावों में और गहराई आयी व प्रणय सृजन और समृद्ध व परिपक्व होने लगा। वह पत्राचार का युग था, मोबाइल, टीवी, फोन सहज़ उपलब्ध नहीं थे। बीएसएनएल एक मात्र साधन था जो विशिष्ट वर्ग के पास था। हमारे लिखे पत्र अपनों की अमूल्य निधि होते थे। फ़ाइलों में, किताबों में, अलमारियों में व हृदयों में ये प्रेम पत्र सहेज कर रखे जाते थे। हमारे जीवन में यह इतना प्रगाढ़ हुआ कि मेरी उस फ़ाइल का नाम ही मैंने मधुर स्पंदन रख दिया, जिसमें हमारे पत्र रखे जाते थे। लगभग 4 दशक से सहेजी, पल्लवित, संरक्षित, सुरक्षित ये रचनाएँ पत्र, पत्रिका, आकाशवाणी कवि सम्मलेन, मित्रमण्डली में लोकप्रिय रहीं। यह सभी आज एक पुस्तक के रूप में आप सभी के समक्ष हैं।

इस कृति 'मधुर स्पंदन' में 72 रचनाएँ 1973 से लगभग 5 दशक में लिखी मेरे

सृजन का मधुरिम बिम्ब हैं। इनका भाव, प्रवाह, संवेदनायें, अनुराग व आत्मीयता निश्चित रूप से आपको प्रभावित करेगी। ये सभी आपको एक अलौकिक संसार की ओर ले जाएँगी, जहाँ असीम आत्मीयता, अनुराग व अपनेपन का साम्राज्य है। इनमें अनुराग है, शिकायत है, रूठना, मनाना, आशा, निराशा, भय, संकोच, शांति, धैर्य और तृप्ति भी है। जब मान-मनुहार, विरह वेदना के बाद तृप्ति मिलती है, बड़ी आनंददायी होती है।

'कल मेरे प्रियतम आएंगे' की एक-एक पंक्ति में आपको असीम समर्पण, प्रेम, अनुराग, आत्मीयता, तृप्ति व संतृप्ति का बोध होगा। 'जबसे आये प्रिय तुम मन में' किसी से अनुराग, प्यार होने पर सारी अनुभूतियाँ नये-नये स्वरूप पाने लगतीं हैं, यह बिम्ब आपको मिलेंगे। 'अपना स्वप्निल सा संसार..' भी इसी तरह अनुरागी संसार के सृजन की गाथा कहती है।

'मेरी शाश्वत गीत गायिका', 'बताओ कैसा है यह नाम', 'कितनी सीधी अंजानी मैं', 'तुम्हारा प्यार..', 'रोम-रोम रोमांच..', 'मेरी हाँ में तेरी हाँ हो..' 'रतिरम्भा हैं.. नयन झील का..' आदि रचनाएँ आपको निश्चित रूप से प्रेम की उस शक्ति की अनुभूति कराएंगी जो अत्यंत बलबती है। जिसकी अनुभूति होने पर भावनाओं, संवेदनाओं, कल्पनाओं का अलग संसार सृजित होने लगता है जो शक्ति, साहस, क्षमता देता है, कठिन लक्ष्य आसान कर देता है। हम सबने पढ़ा है गोस्वामी तुलसीदासजी इसी प्रेम के वशीभूत हो मध्यरात्रि में घनी बरसात में पैदल अपनी ससुराल पहुँच गये थे व सर्प को रस्सी समझ उसे पकड़कर अपनी पत्नी के पास चोरी चुपके पहुँच गये थे।

कुछ रचनाएँ अपने मित्रों के अनुरोध पर उनकी उनके लिए भी लिखी गयीं हैं, जो उनके जीवन में विशिष्ट स्थान रखते थे व उन सभी ने उन्हें सराहा।

प्रकृति के सहचर्य में भी सौंदर्यबोध व प्रियतम का स्मरण आपको इनमें मिलेगा। यथार्थ में यह प्रकृति स्वयं इतनी सुन्दर है कि इसके विविध स्वरूप आपको आकर्षित करेंगे ही। ये पर्वत, नदी, झरने, सरोवर, वृक्ष, लताएं, पक्षी, ठंडी हवा, चन्द्रमा, सूर्य, प्यारे पक्षी, कोयल का स्वर, मोर का सौंदर्य, हिरन, खरगोश, रंगबिरंगे फूल, उनकी प्यारी सुरभि, कोमल घास, उस पर ओस की बुँदें, सभी आपको सौंदर्य बोध से भर देती हैं। यह सभी प्रियतम का स्मरण दिलाते हैं व हृदय से उनको आमंत्रित करने लगते हैं। आपको 'मधुर स्पंदन' की रचनाओं यह बोध प्रचुरता से मिलेगा।

गाँव के किसान, श्रमिक भाई को खेतों में दिनभर के कठिन श्रम के बाद घर आने पर अपनी प्रिया से मिलने पर उसकी कोमल भाव भंगीमाओं में भी असीम प्रेम, अनुराग, आमंत्रण, मनुहार व तृप्तिबोध मिलता है। चलो लौट घर को चलें.. भुवनेश्वर में लिखी बुंदेलखंड का स्मरण कराती ऐसी ही अनुरागी रचना है।

प्यार में नोक-झोंक, हर्ष-विषाद, मान-मनुहार, स्वाभाविक है। जब कभी प्रेमी-प्रेमिका के व्यवहार से एक-दूसरे के मन में क्षोभ, हताशा, क्रोध, अवसाद, निराशा आती है, उन पलों की अभिव्यक्ति भी आपको इन कविताओं में मिलेगी। विछोह के बाद मिलन की अनुभूति अत्यंत अनुरागी होती है। ये भाव भी आपको इस संकलन में मिल आह्लादित करेंगे।

नायिका के अंगों को विश्वभर के साहित्य में कई उपमाओं से अलंकृत किया गया है। भारतीय साहित्य में, हमारे धार्मिक ग्रंथों में भी इसका वृहद उल्लेख है। सूरज, चन्द्रमा, झील, सरोवर, रसीले, सजीले, पर्वत, झरने, आसमान, सुरभि, पवन, इंद्रधनुष के रंग, मदिरा व विभिन्न रंगों से, कलियों की कोमलता, फूलों का सौंदर्य, पक्षियों का सौंदर्य व कई तरह की कोमल भावनाएं, संवेदना ये नायिका की रूप राशि हेतु प्रयोग की जाती हैं, उनके बिम्ब भी आपको बड़ी कोमलता से, सौंदर्य बोध के साथ 'मधुर स्पंदन' में आपको आनंदित करेंगे।

एक-दूसरे को अपनी आकांक्षाओं के अनुरूप बनाने की कामना हम सभी में है। विभिन्न माध्यम, संकेतों से हम अपने अपनों को उनके स्वभाव, चर्या में परिवर्तन चाहते हैं। यह भाव भी कुछ कविताओं में आपको यहाँ भी मिलेगा।

प्रेम के माध्यम से संसार सृजन है, मानवता का उत्थान है, सतत प्रगति व समृद्धि की कामना भी इन रचनाओं में है।

यदि कहूँ कि ये रचनाएँ मेरे विगत 50 वर्षों के शृंगार सृजन का नंदन कानन व कल्पवृक्ष हैं [तो अतिश्योक्ति नहीं होगी। आपको इसमें शृंगार रस के इन्द्र धनुष के सभी रंग] मोहक सुरभि व अनुपम स्वाद मिलेगा जो आपको आनंद हर्ष, तृप्ति व संतुष्टि सभी देंगे।

मिलन, विदाई, पुनर्मिलन, बिछोह, रूठना, मनाना, आमंत्रण तो इनमें है ही, कभी-कभी एक दूसरे के भाव, मनोभाव, कोमल संवेदनायें समझ न पाने के कारण होने वाली उलझन, तनाव, परेशानी, कुंठा, आक्रोश भी है और इनका सहज़ समाधान भी... सच आनंददायी है यह सब।

इस संकलन की कुछ रचनाएँ किसी के हृदय की अमूल्य निधि, सम्पदा, धरोहर भी हैं, जो उनके मन में, किताबों में कपड़ों में सलीके से संवार कर सुरक्षित रखीं हैं। आप उनका भी रसास्वादन करें।

मेरी यह 14वीं कृति आपके हाथों में है, इसके पूर्व अभी DESTINY अंग्रेजी उपन्यास का आप सभी ने हृदय से स्वागत किया, आभारी हूँ। DESTINY मेरे पुरस्कृत उपन्यास 'संजोग' का अंग्रेजी अनुवाद है। हाल ही में FOUNDATION STONE

नाम से लघुकथाओं का अंग्रेजी संकलन भी प्रकाशित हुआ है, और 'नींव का पत्थर तथा ममतामृत' दो लघुकथा संग्रह शीघ्र ही आपके समक्ष होंगे।

विगत दिनों संत शिरोमणि आचार्य श्री विद्यासागर जी महाराज 18 फरवरी 2024 को यह नश्वर संसार छोड़ मुक्ति महल को प्रयाण कर गये। उनका स्वर्गरोहन इस धरा के प्राणीमात्र को अपूरणीय क्षति है, वे प्राणीमात्र के संरक्षक, प्रेरक व पथप्रदर्शक थे। कोटिशः प्रणाम पूज्य श्री।

भारतीय हिंदी साहित्य की विभूति डॉ. जय कुमार जलज रतलाम भी हम सबको छोड़ गये। स्नात्तकोत्तर महाविद्यालय रतलाम में एक दशक से अधिक समय वे प्राचार्य रहे। वे मेरे पथप्रदर्शक व आदर्श थे। विनम्र श्रद्धांजलि आदरणीय बड़े भैया जी।

इस संकलन की रचनाओं को श्री गोपाल दास नीरज, आदरणीय तन्मय बुखारिया, पदम श्री कैलाश मड़वैया भोपाल, डॉ. महाराज कृष्ण जैन अम्बाला, श्री सुरेंद्र कुमार श्रीवास्तव मुख्य अभियंता, भारतीय रेल (से.नि.), आदरणीय श्री नरेंद्र जैन भोपाल, महाप्रबंधक भारतीय स्टेट बैंक (से. नि.), श्री जिनेन्द्र कुमार जैन दिल्ली का आशीर्वाद विभिन्न समय पर मिला है, हार्दिक आभार आप सभी का।

मेरे अनुरागी मित्र श्री राजेंद्र जैन ललितपुर ने 20 वर्ष पहिले इन्हें प्रकाशन हेतु टाइप कर दिया था, हार्दिक आभार प्रिय मित्र। अन्य सभी मित्र श्री अशोक जैन, डॉ. अरविन्द दिवाकर ललितपुर, श्री राजेंद्र दुबे, श्री प्रमोद शर्मा झाँसी, श्री सुरेश साहू बंगलौर (जिन्हें मेरा काव्य सृजन श्रद्धेय मैथली शरण गुप्त जी की याद दिलाता है) श्री मार्कण्डेय सिंह, श्री राम सिंह मुंबई ने भी इन रचनाओं को सराहा है, हार्दिक आभार अनुरागी मित्रों का।

उ. प्र., म. प्र., ऑडिशा, राजस्थान, गुजरात के बाद हरियाणा में भी मुझे अपने व्यक्तित्व विकास के कई सूत्र मिले।

पूज्य माता अमृतानन्दमयी देवी द्वारा स्थापित देश का श्रेष्ठतम अमृता हॉस्पिटल फ़रीदाबाद विगत 6 से अधिक वर्षों से मुझे ज्ञान, सम्मान, पथ प्रदर्शन दे रहा है। रेलवे से सेवानिवृत्त होने के बाद इस महान संस्थान के निर्माण में मुझे अत्यल्प योगदान देने का सौभाग्य मिला है। पूज्य अम्मा के प्रतिकृतज्ञता ज्ञापन व इसके प्रशासनिक निदेशक पूज्य स्वामी निजामृतानन्दपुरीजी के प्रति श्रद्धा नमन। इसी संस्था के कार्यकारी निदेशक श्री सत्यानंदमिश्राजी ढ्रुस, पूर्व मुख्य सूचना निदेशक भारत सरकार के सतत मार्गदर्शन हेतु हार्दिक आभार। आदरणीय डॉ. सुभाष जैन (गुरुजी), कर्नल गोपालकृष्णनजी, इंजिनियर दामू मेनन जी, श्री लवण जैन, इंजिनियर प्रवीण बिष्ट, श्री मनोज जैन फरीदाबाद का हार्दिक आभार जो इस साहित्य यात्रा में सहभागी रहे।

श्री निर्मल जैन (से.नि. जज), इंजिनियर जिनेन्द्र जैन दिल्ली, इंजिनियर रामसिंहजी

मुंबई, श्री प्रमोद शर्मा जी व श्री राजेंद्र दुबे जी झाँसी श्री दिलीप जैन इंदौर, श्री वीरेंद्र गोधा, श्री आर. सी. जैन उज्जैन, श्री दिनेश पाठक शशि मथुरा का हार्दिक आभार इस सृजन यात्रा में सहभागिता हेतु मेरे मित्रों में जिन्हें इसकी रचनाएँ आनंददायी लगीं में श्री अशोक जैन, डॉ. अरविन्द दिवाकर ललितपुर, श्री आर.एल. शुक्ला ग्वालियर, श्री एम.के. सिंह मुंबई भी हैं, हार्दिक आभार प्रेरणा हेतु। अपनी बहुमूल्य राय देने के लिए विदुषी श्रीमती नंदा जैन, फरीदाबाद, डॉ. चेतना उपाध्याय अजमेर एवं श्री गोकुल सोनी भोपाल का हृदय से आभार। उज्जैन के श्री हेमन्त भोपाळे ने इस पुस्तक को अंतिम सुंदर स्वरूप दिया है। आभार भोपाळे जी।

आदाणीय डॉक्टर शेष पाल सिंह शेष आगरा जो शिक्षाविद् होने के साथ-साथ एक श्रेष्ठ साहित्यकार भी हैं ने इस कृति की भूमिका लिखकर मुझे उपकृत किया है, हार्दिक आभार उनका।

श्रावण मास में जब वर्षा की स्नेहिल फुहारें, पेड़ों की डालियों पर झूले, प्रकृति की हरितमा, बांसुरी की अनुरागी धुन, चन्द्रमा की छवि, कोयल की कूक, नदियों का संगीत, पर्वतों का सौंदर्य, झरनों के गीत मन को आह्लादित करते हैं, कान्हा के ब्रज मण्डल के निकट की धरा से यह कृति आप सभी के समक्ष प्रस्तुत कर रहा हूँ।

देश के प्रतिष्ठित प्रकाशन ग्रुप मेसर्स नोशन प्रेस चेन्नई तमिलनाडु के माध्यम से 'मधुर स्पंदन' आपके समक्ष है। हार्दिक आभार टीम नोशन प्रेस।

मेरी सहचारी जो पल-पल, पग-पग मेरी साहित्य यात्रा में सहयोगी रहीं हैं, जिनके आत्मीय अनुराग से ही इस कृति का सृजन हुआ है, श्रीमती उषाजी का हार्दिक आभार, सतत सहयोग हेतु।

मेरी पूजनीया माँ, आदरणीया बहिनें, भाई, पुत्र, पुत्री व परिवार के सभी सदस्यों, नन्हे आर्जव, अद्वित, आदू बिटिया तक के प्रति असीम आदर, अनुराग, स्नेह, दुलार सहित।

आपके सुझाव, मार्गदर्शन, राय की प्रतीक्षारत।

नवम्बर 23, 2024

दाम्पत्य की 43वीं वर्षगाँठ

अरुण कुमार जैन

मीनाक्षी प्लेनेट सिटी, बाग मुगलिआ, भोपाल म.प्र.

अमृता हॉस्पिटल, सेक्टर 88, फ़रीदाबाद, हरियाणा.

arun.k.jain2312@gmail.com

मो. 7999469175

भूमिका

मुझे कविवर श्री अरुणकुमार जैन जी के कविता-संग्रह जिसका शीर्षक 'स्पंदन' है, की पांडुलिपि पठनार्थ उपलब्ध हुई। इसमें आकर्षक शीर्षकों से कुल-72 कविताएँ हैं। पुस्तक के अंत में गंभीर उद्गारों से ओतप्रोत एक कविता 'प्रीति-कलश' शीर्षक से भी है। पुस्तक में संग्रहीत आपकी प्रत्येक कविता प्रणय और श्रृंगार का रूप लिए हुए भावनात्मक एवं सद्विचारपूर्ण है।

प्रकृति ने सृष्टि का अद्भुत निर्माण किया है। इसकी 84 लाख योनियों में समस्त जीव-जंतुओं में मनुष्य सर्वोत्कृष्ट एवं सर्वोत्तम है। यदि देखा जाए तो हर किसी के पास पुस्तकों, ग्रंथों एवं शास्त्रों के अतिरिक्त प्रकृतिदत्त एक अनंत मानसिक पुस्तक है। मस्तिष्क रूप में यह पुस्तक अपार ज्ञान विज्ञान को समेटे हुए हैं। वैसे तो प्रत्येक मानव साहित्यकार, कवि, वैज्ञानिक एवं कलाकार हैं, लेकिन जो व्यक्ति इस तथ्य को ठीक प्रकार से समझ लेता है वह इनमें से कोई न कोई विशेष कार्य कर ही लेता है।

कवित्व प्रत्येक मानव के अंतःकरण में है, जो व्यक्ति जिस रूप में चाहता है, उसी रूप में काव्य-सृजन कर लेता है तथा यदि कोई इस विशेष मानसिक शक्ति का प्रयोग ही नहीं करता तो वह शक्ति तथा कलाकारी अविकसित रूप में ज्यों की त्यों पड़ी रह जाती है तथा वह विस्मृति की शिकार भी होती रहती है।

कवि श्री अरुण कुमार जैन जी ने इसका सदुपयोग अपने ढंग से किया है। इनकी जो कविताएँ उत्पन्न हुई हैं वे पृथक एवं भावनात्मक हैं। आपकी कविताएँ साहित्य की भिन्न-भिन्न अनेकानेक विधाओं में सृजित न होकर अलग ही रूप धारण किए हुए हैं। आपकी इन कविताओं को नवगीत कहा जा सकता है। आपकी अपनी भाषा शैली एवं गायन प्रवाह भी पृथक ही हैं। आपकी एक कविता- 'कल मेरे प्रियतम आएंगे' शीर्षक से है। यह कविता भावपूर्ण मन की आशाओं को उद्वेलित करने वाली है। आपके द्वारा उल्लिखित उत्तम भावों से युक्त कुछ पंक्तियाँ निम्नवत हैं-

दीप जलाया है मैंने, दिल में अपने मृदु भावों का।

प्रेम मोह स्नेहन से, आलोक बना सम्मोहन का।

आपकी एक कविता- 'मेरे शाश्वत गीत गायिका' शीर्षक से है। इसमें गहन आत्मीय भावनाओं को आपने बड़े ही गूढ़ विचारों के साथ सराहनीय शब्दों के माध्यम से अभिव्यक्त किया है। आपने दो अंतःकरणों को एकाकार करने के लिए लिखा है कि- 'क्या सचमुच हम दो ही थे, न एक बनेंगे। मन के सपने यूँ ही सपने सदा रहेंगे?' बाद में लिखा है कि- 'देखो उषाकाल अभी तो जीवन का है। सृजन हेतु ये जीवन सारा अभी

पड़ा है। आओ ये दो वचन सदा हम एक रहेंगे।' इस कथन में आपकी विचारधारा अनोखी लगती है।

आगे आपकी एक कविता- 'बताओ कैसा है यह....' शीर्षक है। इसमें आपकी दो पंक्तियाँ निम्नवत हैं-

'नहीं हैं शब्द तुम्हारे पास, तुम्हारी वाणी है जब मौन,

बताओ प्रणय परिभाषा, सुनायेगा मुझको अब कौन,

मात्र इस कविता में ही नहीं बल्कि आपकी प्रत्येक कविता में दार्शनिकता अत्यंत अलौकिकता के साथ ओतप्रोत है। आपके श्रेष्ठ सृजन की जितनी भी प्रशंसा की जाए वह कम ही है। अपने मनोभावों को विशेष रूप से शब्दांकित करना कवियों का सत्कर्म है।

आपकी एक कविता- 'तुम्हारा प्यार' शीर्षक से सृजित है। इसमें आपका कथन अनुपम है। उदाहरणार्थ एक कथन इस प्रकार से है- 'हमारे सपनों का संसार, जहाँ है प्रेम विपुल व अपार, जगत का होगा सृजनहार।' आपने किस बात को किस प्रकार से कहा है वह अद्भुत है। आपके समस्त विचार पठनीय एवं महनीय है। आपका एक शीर्षक- नयन झील का....' है। इसकी दो पंक्तियाँ उत्तमता के साथ काव्यबद्ध निम्न प्रकार से हैं- 'दो अधरों का जीवन अमृत, नंदनवन कंचन काया का, नयन झील का शीत सरोवर, मेरे मन को शीतलता दे।'

आपकी इस श्रेष्ठ पुस्तक का संपूर्ण काव्य पठनीय मननीय एवं ग्रहणीय है। यदि इस काव्य संग्रह में अन्यान्य अनेक कविताओं की विस्तार से व्याख्या की जाए तो मेरा कथन भी एक अलग पुस्तक का रूप ले लेगा। अतः इस संग्रह के संबंध में मैं संक्षेप में ही कुछ अल्प कह पा रहा हूँ। मेरा सभी काव्य-सृजेता कवि बंधु, पाठक महानुभाव एवं श्रोता बंधुओं से निवेदन है कि इस पुस्तक के प्रकाशित होने पर इसे अवश्यमेव उपलब्ध करें तथा पठन-पाठन करके आनंदानुभूति से वंचित न रहें। इससे हम सभी में पार ज्ञानवृद्धि एवं काव्यात्मक उद्गारों की अभिवृद्धि होगी। अत्यधिक सद्भावनाओं सहित-

डॉ. शेषपालसिंह शेष

'वाग्घाम-'- 11 डी/ई-36 डी

टुण्डला रोड, आगरा- 282006

मो. 9411839862, 7906989970

अनुक्रम

कल मेरे प्रियतम आयेंगे

कल सुबह बड़ी सुंदर होगी, प्यारी ऊषा बेला में जब,

मेरे प्रियतम आयेंगे, अरुणोदय की प्यारी लाली से,

लाल-लाल कर जायेंगे। कल मेरे प्रियतम........

मोहक सुगंध जब, सुमनों की, मन को आह्लादित कर देगी,

झूमे पत्ते डाली-डाली, नभ में उड़ते प्यारे पंछी,

नदिया की कल-कल ध्वनि के संग, मोहक संगीत सुनायेंगे,

मन में अनुराग जगायेंगे।। कल मेरे प्रियतम आयेंगे,

आनंद परम संग लायेंगे।।

मोहक मनभावन चितवन से, मुझको निहार कर देखेंगें,

रोम-रोम पुलकित होगा, झंकृत होगे मन वीणा के,

कोमल भावों के सभी तार, ससस्वरों में गूंजेगी

मन की बगिया की पोर पोर

उर्वशी, मेनका, रम्भा भी, आयेंगी करके मृदुल चाप,

नाचेंगी मेरे साथ-साथ।। कल मेरे प्रियतम........

बन जायेगा नंदन कानन, मेरे आँगन का हरेक द्वार,

जब मेरे प्रियतम आयेंगे। आनंद परम संग लायेंगे।

उनके स्वागत में रंगोली, फूलों की पंखुरियों के संग

मैं बड़े जतन से बना रही, भरके इन्द्र धनुष के रंग।

वो कोमल पग से कलियों पर, जब स्पर्श सुखद अपना देंगे।

रोम रोम पुलकित होगा, मानों स्पर्श सुखद, कोमल

मेरी पोरों ने पाया हो, रोमांचित होगा रोम रोम,

कर आलिंगन मादक अहसास। कल मेरे प्रियतम आयेंगे।

अहसास मधुर नव लायेंगे।।

दीप जलाया है, मैंने, दिल में अपने मृदुभावों का

प्रेम, मोह, स्नेहन से, आलोक बना सम्मोहन का।

अपलक मैं उन्हें निहारूँगी, थम जायेंगे हर पल-क्षण तब,

नयनों में होगी मृदुल धार।

मैं भीतर तक भीग गयी अब तो, मेरे रोम-रोम में नेह धार,
वे नयनों से बरसायेंगे। कल मेरे ....
पुलकित रोमांचित मदहोश बनी, उनके बाहुपाश में मैं,
खो जाऊँगी पलभर ही में, उन्मीलित लोचन होंगे तब,
कैसे में स्वयं संभालूगी, जीवंत सभी पल रखने को,
नयनों के मद के निर्झर से, मैं सोती, खोती, उस जग में,
जिसमें सम्मोहन है अपार, मेरे प्रियतम ले जायेंगे। कल मेरे ....
जब संध्या बेला आयेगी, चंदा राजा बन जायेंगे,
घना तिमिर हर गली गली, मोहक सुरभि मद यौवन की,
आलिंगन का रोमांच मधुर, साँसों का वेग प्रबल होगा,
अधर प्रकंपित मदमाते, कर भ्रमण करें हर पोरों पर।
अधर, कपोल व ग्रीवा पर, कंधो से उग्र उरोजों पर
नाभि पर और मधुर उन्नत, मेरे रोमांचित अंगों पर।
कदिली सी सुडौल जंघाओं पर, पिंडलियों से कोमल पैरों तक
नख से लेकर फिर अधरों तक, वे रोम रोम दहकायेंगे।।
कल मेरे प्रियतम आयेंगे।

●●●

प्रकृति करे तेरा श्रृंगार

मेरे जीवन का प्यार, प्रकृति करे तेरा श्रृंगार
तेरे जीवन उपवन में रहे सुरभि अपार।। मेरे.......
तीन अप्रैल शनिवार, मिला पत्र से तेरा प्यार।।
भरी थी जिसमें, मोहक सुगंध अपार।।
पाकर, मन में मेरे प्रसन्नता आ गयी।
प्यार की खुशबू, तन मन में छा गयी।।
तुम्हारी सभी परीक्षायें आशानुकूल हो रहीं हैं।
सफलता के परिणाम, तुम्हें दे रही हैं।
जानकर मन प्रसन्न है, तन में भी उमंग है।
इसी तरह सभी पेपर देना, ढेर सारी खुशियाँ लेना।
और हाँ! दूसरी परीक्षा भी तुम दे रही हो।
उसमें भी सफलता ले रही हों
सच! उसके पेपर हैं कौन? बोलो वाणी तुम्हारी क्यों मौन?
चलो आओ, आगे चलें, कुछ और बातें करें।
''आशा'' को भी पत्र दिया था एक,
लिखी थी जिसमें बातें अनेक।
पर वह तो पत्र पाकर रूठ गयी,
किसी को होगा इंतजार भूल गयी।
कृपया उन्हें याद दिलाइये, पत्रोत्तर देना है समझाइये।
उसकी भी परीक्षाओं का लिखना हाल,
कर रही कौन सा अब कमाल।
तुमने सभी जगह से पत्र पाये, सबके मन के समाचार पाये।
जानकर मन को है संतोष, सबमें तुम्हारे लिये लगता जोश,

हो भी क्यों नहीं, लाड़ली हो सबकी,
इकलौती ऊषा हो जग की।
मैंने भी कल प्रिय भाभी व भैया जी का पत्र पाया है।
जिसमें उन्होंने कुशलता संदेश सुनाया है।
पूजनीय पिताजी का भी पत्र आया था,

उन्होंने अपने बेटे को बुलाया था।
मैं संभवतः 24-25 को जाऊँगा।
शायद ही तुम तक पहुँच पाऊँगा।
फिर भी हृदय में होगी मिलन की भावना अपार।
मेरे जीवन का प्यार, प्रकृति करे तेरा श्रृंगार।।
(कविता के रूप में अनुरागी पत्र -1982)

●●●

अपना स्वप्निल सा संसार

दूर पर्वतों की घाटी में, ताने बाने रोज पिरोकर,
मैंने एक दिन बना लिया था, अपना स्वप्निल सा संसार।
हरेक नगर में, हरेक गली में, जिसमें प्रियवर बसा हुआ था।
तेरा मेरा अनुपम प्यार। अपना....

जिसकी सुबह लिये थी सोना, मधुरिम एक संगीत शाम में,
और निशा में नयी बयार। अपना.......

प्रेमलोक था नाम जहाँ का, हम रहते थे दिव्य नगर मे,
घर का नाम मधुर श्रंगार। अपना.......

प्रेमी युगल वहाँ के वासी, कोयल खग मृग प्रिय सब साथी,
अरु सुमनों की सुरभि अपार। अपना.......

द्वेष ना हिंसा न कटुता थी, नेह प्रेम की सरिता बहती
मन में सबके नेह दुलार। अपना.........

अब आओ साकार करें हम, इसे धरा पर निर्मित कर दें,
श्रम को देकर नव आकार। अपना.......

नहीं अकेला अब मैं साथी, साथ तुम्हारा है अब पाया
मिलकर दोनों जग को देंगे, प्रेमलोक का नव उपहार
अपना.......

मेरी शाश्वतगीत गायिका

क्यों न कर पायीं तुम मन में वह स्पंदन,
जिसका कर अहसास विह्वल हो जाता यह तन।
धमनीं और शिरायें, रक्त विपुल ले आतीं
रोम-रोम से मुखरित नव संगीत सुनातीं।
वैसे तुमने मन में शांति बहुत पहुँचायी,
मैं था प्यासा, मन की मेरी प्यास तुम्हारी।।
कभी-कभी तो परम शांति अहसास दिलाया
सदा अमरतादायक अमृत पान कराया।
पर जबकभी स्वयं पर सोचा, तुम पर सोचा,
देखा आये परिवर्तन का लेखा-जोखा।
तो यह पाया, गहरा एक निःश्वास भरा है,
जो था एक विश्वास, बताओ आज कहाँ है?
क्या सचमुच हम दो ही थे, न एक बनेंगे।
मन के सपने यूँ ही सपने सदा रहेंगे?
बोलो मेरे सपनों की प्रियतमा, नायिका।
नहीं बनोगी मेरी शाश्वत गीत गायिका।
देखो ऊषाकाल अभी तो जीवन का है।
सृजन हेतु ये जीवन सारा अभी पड़ा है।
आओ ये दो वचन सदा हम एक रहेंगे।
साथ सृजन के पथ पर मिलकर नित्य चलेंगे।
जीवन को कर देंगे परिणित, हम मधुवन में।
सिर्फ प्यार ही प्यार रहेगा, क्रीड़ांगन में
सुरभित सुमनों का जग को उपहार हमारा।
सदा प्रेरणा जीवन, जग को बने हमारा।।

●●●

बताओ कैसा है यह....

बताओ कैसा है यह नाम, कराता कैसे क्या ये काम?
करूॅं मैं तुमको जब प्रिय याद, उभर कर यह क्यों आता है।
पुकारें अधर तुम्हारा नाम, तभी क्यों ये बल खाता हैं,
या कभी सपनों में जब रात, तुम्हीं तन-मन पर छाती हो।
भिगोकर नयनों के मद से, मदहोशी दे कर जाती हो,
तभी क्या प्यार उभरता है? तभी क्या प्यार निखरता है?
पिलाती जब अधरों से जाम। बताओ कैसा है यह नाम ...

या कोई मन की अनुभूति, सदा जो छयी रहती है,
बदन में, काया के संग में, रक्त की बूँद-बूँद में भी,
रोम के हरेक छिद्र पर जो, सदा जो सांसों में चलती,
नयनों से बातें करती हो, क्या वहीं प्यार बढ़ाता है?
जो नित प्रति चाह जगाता हैं, बना देता सुबहो को शाम। बताओ ...
नहीं हैं शब्द तुम्हारे पास, तुम्हारी वाणी है अब मौन,
बताओ प्रणय परिभाषा, सुनायेगा मुझको अब कौन,
चलो हम स्वयं ही सुन लेंगे, जान लेंगे उसका भी काम। बताओ ....
जब तुम्हारे नयनों का मद, और अधरों की अमृत धार,
मुझे दे देगी नवजीवन, सदाकर नित नव-नव बौछर,
उस समय होता है क्या प्यार, स्वयँ जाऊँगा प्रिय मैं जान।
बताओ कैसा है यह ....

●●●

कितनी सीधी अनजानी मैं

मैं अनजान कली उपवन की, तुमने आकर मुझे खिलाया,
अंग-अंग में आकर तुमने, प्यार का मुझ पर रंग चढ़ाया।
कितनी सीधी अनजानी मैं, न जानू तोरे जग की बतियाँ
अब आ मन में तेरी सूरत, मुझे जगाती सारी रतियाँ।।

न सो पाती, न जग पाती, हुई बावरी अब मैं जाती,
अगर कभी सो गयी, तो सपने, मैं तेरी सूरत दिखलाती,
मन में तू है, आँखों में तू, जहाँ भी देखूँ तेरी छवि आती,
कैसे संभलू बतला तो प्रिय, नहीं समझ मैं, कुछ भी पाती।
खोयी रहती याद में तेरी, छुप-छुप बातें करती सखियाँ।
अब आ ...

अगर कभी दर्पण में देखूँ, मुझको तुम्हीं दिख जाते हो,
केश राशि को जब लहराऊँ लगता पीछे तुम आते हो,
बैठी अगर कहीं झुरमुठ में, आती याद तुम्हारी बतियाँ।।
अब आ.......

तुम्हें देखती तो शर्माती, झट पीछे जाकर छुप जाती,
ये खो जाना, पास न आना, कैसी माया, प्रिय बतला दो,
प्यार ये कैसा, क्या ये चाहे, मुझको आकर तुम्हीं बता दो,
झट से आओ मुझे बताओ, तुम्हें निहारें अब ये अंखियाँ।।
अब आ......

तुम्हारा प्यार

तुम्हारा इतना सारा प्यार, लिये हैं खुशियों का अंबार।
दूर से आया ये संदेश, प्रिये मैं बैठी अपने देश,
नित्य करती तेरा इंतजार। तुम्हारा...........

तुम्हारी यादों के वे गीत, बने हैं मेरे मन के मीत,
उन्हें मैं दोहराता कई बार। तुम्हारा....
तुम्हारी भोली छवि प्यारी, बसी नयनों मे ओ न्यारी।।
प्रगट हो करती है, इकरार।। तुम्हारा.....

तुम्हारे ही सम्बल की आस, मुझे देती नित प्रति विश्वास।
बढ़ा चलता हूँ लिये बहार। तुम्हारा.....
सुनो प्रिय जब मैं आऊँगा, तुम्हें संग में ले जाऊँगा।
करेंगे सपनों को साकार। तुम्हारा ......

हमारे सपनों का संसार, जहाँ है प्रेम विपुल व अपार,
जगत का होगा सृजनहार। तुम्हारा......
तुम्ही मेरी तन, मन-धन हो, तुम्ही राधा व भगवन हो।
तुम्हें नित प्रति नव मेरा प्यार। तुम्हारा.........

रोम-रोम रोमांच

बरसे मेघ, घटा ज्यों छायी, मुझको कुछ-कुछ याद आ गया।
रोम रोम रोमांच से भरा, मन में एक उन्माद छ गया।
बरसे मेघ.....
शायद वह पहली वर्षा थी, गरजे मेघ, बिजुरिया चमकी,
छलकी बूँदें स्याह गगन से, और धरा को तृसिदान दी
तभी कहीं से तुम उभरी थीं, नयनों से, झट दिलतक लपकीं,
मेरे मन पर पल भर मेंप्रिय, तेरा ही साम्राज्य छ गया।। बरसे मेघ........
फिर तो ज्यों ज्यों बादल गरजे, बिजली चमकी, बूँदें टपकी,
और धरा का त्यों, त्यों हरकण, तृसि का वरदान पा गया।।
उसी तरह मन के आंगन से, हर गलियारे पर चल-चल कर,
तन के हर एक रोम-रोम पर, तुमने आ अधिकार पा लिया।। बरसे...
तभी आज जब बिजली चमकी, मेघा गरजे, बादल बरसे,
और धरा ने तृसि पायी, मेरे मन के उस आंगन में, उभरी तुम प्रिय,
हर गलियारे पर चल-चल कर, तुमने अपनी धाक जमायी,
इस दिन की तममय रजनी में, तेरे प्यारे से चेहरे का,
शशिसम प्रिय आलोक छ गया। बरसे...

●●●

मेरी हाँ में तेरी......

खुशियों से मन को भर डालें, बतियाँ हो बस प्यार की,
मेरी हाँ में तेरी हाँ हो, न बात हो कोई इनकार की।

एक मन, दो तन क्या होते है, आज हुआ अहसास था,
जीवन की सुरभित बगिया में, हुआ प्यार का वास था,
सारी रात जगे थे दोंनो, बातें थी इकरार की।खुशियों से ...

जीवन अपना सिर्फ नहीं है, यह भी उस दिन जाना था,
तुम मेरी हो, मैं हूँ तेरा, दोनों ने ये माना था।
नहीं द्वेष आदि की चर्चा, बातें थीं श्रृंगार की। खुशियों से.....
एक डाली के सुमन बने दो, हम यों ही खिल आये थे।
नन्हें से प्यारे उपवन में, हम दोंनों ही छाये थे।
नंदनकानन सी बगिया में, स्वपनिल सुरभि बयार थी। खुशियों से ......
एक छोटा सा नन्हा पौधा, उस उपवन में रोपा था,
बड़े प्यार से देकर भोजन, उसको पाला पोसा था।
बड़ा बनायेंगे उसको हम, दे शिक्षा नित प्यार की। खुशियों....
आज वही दिन फिर से प्रियतम, यादें ले वह आया है,
तेरा संग मधुर आलिंगन, रोम-रोम में छया है।
उससे ही करता हूँ बातें, तज दूरी निज यार की।
खुशियों से ....

(1982)

रति रंभा है........

मृग से नयन, भरे मदहोशी, अधर गुलाब, भरे मदिरा से,
सुर्ख कपोल, नर्म और कोमल, प्रेमामृत सब मिल छलकाते,
रति रम्भा हैं काम देव की, उनसे अनुपम मेरी तुम हो।।

कुंतल हैं ये घने मेघ से, छा जाते शशि मुख मण्डल पर,
श्याम निशा में पूर्ण चंद्र का, मुझकों में ये अहसास कराते,
गरजेंगे, बरसेंगे पल में, मन को शीतलता देंगे फिर,
तृप्ति सुधा मन पा जायेगा, स्वर्ग मेरे आँगन आयेगा।
स्वर्ग सुखों की सुखद प्रवाही, सलिता सरिता प्रियतम तुम हो।।
रति रंभा......

भूल गया मैं, कलम चलाना, भूल गया गीतों को गाना,
जीवन की इस दौड़ में भूल गया हंसना, मुस्कराना।।

．

सदा रहे अधरों पर थिरकन, मन में शांतिवास रहे।
अपनी नन्हीं सी बगिया में, सदा आपका राज रहे।

．

गुड़िया, मोनू के प्रिय पापा मामी जी के प्राणाधार,
जियो शांति, सुख से जीवन भर, यही कामना बारम्बार।

नयन झील का......

क्यों देती हो पीड़ा मन में, क्यों करती व्याकुल अंतर्मन,
क्यों विचलित करती हो पथ से, क्यों करती घायल मन और तन।

क्या अपराध यही है मेरा, प्यार तुम्हें मन से करता हूँ
रोम रोम के इस काया के, तेरी छवि अंकित रखता हूँ।

क्यों ठुकरती प्रीति निमंत्रण, पीड़ा देती हो जाने मन।।
स्वीकारों ये प्रणय निवेदन, इन बाहों में तुम आ जाओ,
या ले लो मुझको बाहों में, अंतर्मन की पीर मिटाओ।

दो अधरों का जीवन अमृत, नंदन वन कंचन काया का,
नयन झील का शीत सरोवर, मेरे मन को शीतलता दे।
खो जाने दो स्वयं को मुझमें, या अपने में मुझे समा लो।
बन जायें बस एक सदा को, अस्तित्वों को आज मिटा दो।।

मन ही मन हो सभी समर्पण, ना देहों का हो आलंबन
सत्यम् शिवम् सुन्दरम् गूँजें, बैकुण्ठ धाम बने हैं ये मन।।

क्यों विचलित करती ....

बैठकर हजारों किमी दूर

सोचा तुमसे बतियाऊँ
कुछ सुनूँ, कुछ सुनाऊँ।
दूरभाष पर नम्बर घुमाया, घंटी जाती रही
थोड़ी देर बाद मीठा स्वर ''हलो''
मैं बोल रहा हूँ, पहचान गयी स्वर मेरा तुम।
जल्दी आओ... क्यों भर्रा गया स्वर पल में तुम्हारा
हतप्रभ रह गया मैं! क्या हुआ, क्यों? आ रहा हूँ मैं।
एक साथ कई प्रश्न कौंधे मन में,
निकले यही शब्द होंठों से।
क्यों नहीं आते? आओ न, असीम वेदना व पीड़ा भरा स्वर
हृदय के भीतर तक बेध गया मुझको।
समस्याओं से घिर गयी हो?
आशंकाओं, मर्म, वेदना के बीच रहकर।
''आ रहा हूँ..... कल ही, धीरज रखो प्लीज''
इतना ही कह सका।
और कर भी क्या सकता था।
भीग गयीं कोर नयनों की।
तुम्हारे नयन भी अश्रुप्लावित होंगे, जानता हूँ।
अन्यथा इतनी पीड़ा वेदना, व्याकुलता-आकुलता
व्यक्त नहीं करती...
जानकर भी कि मैं पल दो पल में, नहीं पहुँच सकता चाहकर भी।
दूरियों में तुम्हारे स्वर खनकते हैं, झरता है मधुर संगीत उनसे,

नदिया की अल्हड़ लहरों की तरह
बसंत की सुरभित पवन सा आनंददायक,
पूनम की निशा सा सुखदायक।
मुझे प्रेरणा देने को/करने को कर्तव्य पूरा/पाने को सफलता
जिनके लिये निकला हूँ इतनी दूर, तुम्हें छोड़ अकेला,

पर आज स्वर में वेदना, बेवसी का भाव,
प्रिये बिन कहे ही हो गया तुम्हारी पीड़ा का अहसास।
पर तुम्हें करनी होगी प्रतीक्षा एक दिन
सिर्फ मूक नयनों से अपनी पीड़ा सुनाने को।
पहुँचते ही, तुम्हारे सारे कष्ट वेदना ले लूँगा मैं,
तुम्हारें अधरों पर होगी प्रभात की अरुणिमा,
कपोलों पर कोमलता, शबनम सी ताजगी
सुमनों की सुरभि, कलरव का संगीत
कोयल सी कूक, अधरों पर प्यारे गीत।
झरनों की अल्हड़ता, रोम-रोम पुलकित करायेगी।
सजा दूँगा इन्द्र धनुषी मण्डप, मन के प्रांगण में।
अधरों की वेदना, नयनों की पीड़ा, मन का कष्ट,
साँसों के प्रकम्पन
देह का दर्द, सभी विलुप्त कर दूँगा,
ये मेरा वायदा है, अपने प्रिय प्रियतम से।
क्यों कि कष्ट की एक हल्की सी अनुभूति तेरे अंतर्मन की
व्याकुल करती है आहत करती है मुझे।।
मैं और तुम, तुम और मैं, एक ही तो हैं।
इसे सिर्फ हम जानते हैं, हम ही पहचानते हैं।
अभी भी बिन सुने ही, मैं तुम्हारा कष्ट बाँटता हूँ
अनुभव करो इसका अंतःकरण से
सही पाओगी मेरा चिंतन व मुझको, हल्का करो मन
उतारो बोझ चिंता का, अघटित अनिष्ट की आशंका का।
हंसो, गुनगुनाओ, खिलो फूलों सी,
कलियों सी, भौंरो के गुंजन सी,
क्यों कि हँसकर सभी परिस्थितियों में
सहज जो रहता है, सब कुछ निर्विकार हो सहता है।
वही कर्मयोगी है वही स्थितप्रज्ञ है।
वही सिर्फ ज्ञाता है वहीं विज्ञ है।।

(2002)

मेरी प्रियतमा.........

रोज आते तुम्हारे संदेश,
व्यक्त करते हैं शब्दों के माध्यम से,
तुम्हारे मनोभाव।
सच तुम्हारे मन के भावों की कल्पना
कर तड़प उठता है, मन
व्याकुल हो जाता यह तन।
तुम शायद न मानो तुम्हारी पीड़ा का एहसास है मुझे।
हर साँस से निकला स्वर, याद करता है तूझे।
पर फिर भी तुम्हारे ढेर सारे संदेशों का उत्तर है मौन !

कारण क्या है रहस्य छिपा है कौन?
कुछ है प्रियतमा। तभी तो तुम्हारे पत्रों की अवहेलना
कर रहा हूँ,
विरह की ज्वाला में स्वयं ही जल रहा हूँ।

दोनों तरफ पीड़ा, तपिश व वियोग है
शायद यही प्रकृति का रचा योग है।
प्रकृति का नहीं, मैं ही दोषी हूँ।
अपने दम्भ के, मद में रहकर तुम्हारी उपेक्षाकर रहा हूँ
नहीं प्रिये यह है झूठ, देखो तुम न जाना रूठ।

यथार्थ क्या है, तुम्हें बताऊँगा,
जब मिलेंगे इसका रहस्य समझाऊँगा।
तब शायद तुम मुझे दोषी नहीं कहोगी।
मेरी मजबूरियों को सत्य का रूप दोगी।

कारण भी तुम्हें बताऊँगा, तब सब कुछ तुम्हें समझाऊँगा।
तब तक के अन्तराल को तुम्हें वेदना, पीड़ा में बिताना होगा।
कल के स्वर्णिम भविष्य को कुछ कष्ट उठाना होगा।

विश्वास है इन तम भरी रातों को हँसकर बिताओगी।
अपने नयनों में अश्रुधार नहीं लाओगी।

तो दो वचन व मुस्कराओ। आओ प्रिय मेरे पास आओ।
यथार्थ नहीं स्वपन तो हमारे हैं, उन्हीं में आओ,
आके कोई गीत गुनगुनाओ।
सुनके को व्याकुल,
तुम्हारे प्यार को आकुल,
देखने को ऊषा की प्रथम किरण, तुम्हारा अपना ही अरुण।

(1982)

बनेगा सुरभि का (गीतिका)

तुम रुलाओ मुझे, न कोई गम मुझे,
पर तुम्हारे नयन मैं नहीं बहने दूँगा।
दो कष्ट मुझे तुम, हँस के झेलूँगा सब,
पर तुम्हें कोई कष्ट न होने दूँगा।
रहे मुझको शिकवा, किसी से कोई भी,
पर तुम्हें मुझसे कोई शिकायत न होगी।

कोई रौंद दे मेरा सारा चमन भी,
पर मेरी जिंदगी में बगाबत न होगी।
नहीं है खुशी के वे क्षण जिंदगी में,
क्यों किसी के चमन, को मैं खुद ही उजाडूँ।

नहीं है अगर इस मुक़द्दर में खुशियाँ
किसी का मुक़दर भला क्यों बिगाडूँ
मेरी चाहतें अगर हुयीं भी न पूरी,
तुम्हारी तमन्नायें पूरी ही होगी।
मुझे न मिला मीत तो गम नहीं कुछ,
पर तुम्हारी ये राहें, न कभी सूनी होंगीं।

नहीं भीख यह है, तुम्हें जो मैं डालूँ
इसे मैं समझता हूँ, हक़ है तुम्हारा,
मेरी हर खुशी के महकते सुमन पर
बनेगा सुरभि का जहाँ नव तुम्हारा
यदि सुख तभी दूँ, जब मुझे ये मिलेगा,
तो दिया क्या तुम्हें मैंने, मुझको बताओ।

सदा लेके देना, तो जग का नियम हैं
यहाँ प्यार की भी तो कीमत लगाओ।

करूँगा भलाई वचन जो दिया है,
वचन को निभाना धर्म जो है सीखा
बनूंगा सदा राम, कोशिश यही है।
बनो न बनो तुम मेरे मीत ''सीता''।

बस हम किसी दूसरे को कभी न गिरायें
अगर जा रहा है, न रोड़ा लगायें,
यही कर सकें तो, प्रगति नित्य होगी
सबकी सफलता की गाथा बनेगी

न करने की क्षमता, तो अवरोध क्यों दें।
न दें हम समर्थन तो विरोध क्यों दें।
करों कर्म अपना, यही धर्म तो है।
किया कर्म जिसने, हुआ वह सफल है।

●●●

नर्म कपोलो पर बहती..........

मेरे इन रिसते घावों पर, थोड़ा सा तुम मरहम लगा दों।
उस पल से जब से सोचा है, पहली अनुभूति ही पीड़ा थी,
दर्द वेदना असहनीय थे, रंजित कष्ट शिशुक्रीड़ा थी।
अब तो उन बीते वर्षों के, श्यामल से अहसास मिटा दो। मेरे..
जब किशोर वय अपने गतिमय, दिन भी इस जीवन में लाई,
कोलाहल से भरे जगत में, मेरी आहें पड़ी सुनाई।
नर्म कपोलों पर बहती अश्रु धारा को आज सुखा दो। मेरे..
ममता की ना छांव मिली है, न स्नेह कभी है पाया,
अगर कभी मैं हुआ भी याचक, तब भी जग ने है ठुकराया।
झिड़क उपेक्षा के कर्कष स्वर, अब तो जीवन से सिमटा दो।मेरे.....
शुल चुभे, मन में और तन में, नहीं, कहीं पर नेह सुमन है।
रोते और बिलखते मेरे, बीते जीवन के हर क्षण है।
दर्दीले अतीत पर अब तो, सुखद आवरण आज बढ़ा दो।
मेरे........
तुम्हें देखकर यह सोचा है, अब शायद यह दिन जायेंगे।
मेरे दुखमय पीड़ा के दिनसुख में परिणित हो जायेंगे।
स्वप्न संजोया है, जो मैंने, उसको अब साकार करा दो।। मेरे......

(1983 ट्रेन यात्रा)

●●●

प्रेम का पर्याय

सच! क्या दस दिन के मिलन ने ही,
हमें इतने निकट ला दिया
कि बीच की कड़ी दूर होने पर भी,
हम सदैव एक दूसरे को निकट पाते हैं,
अपने स्वप्न संसार में, रोज एक दूजे के बन जाते हैं।
जिसका अहसास, हमें दिन में प्रेरणा देता है।
जुदाई के दिन बिताने का साहस संजोता है।
बस पलों, दिनों को गिनते हम, सिर्फ तुम्हें पुकारते हैं,
कब आओगे तुम यहाँ, सोच, पथ निहारते हैं।
वैसे कुछ दिन पहले तक हम अजनबी थे,
तुम कौन हो, कैसी हो, क्या हो, कोई ज्ञान न था।
कभी मेरे स्वपनिल संसार की सम्राज्ञी बन जाएगी,
प्रेम के सुमन हमारे बीच न थे,
कोई रोपित हमने बीज न थे।
पर आज का अहसास करूँ,
अद्भुत अनुपम अनुभूति वाला है।
जिसके पल-पल को तुमने अपने रंग से रंग डाला है।
सिर्फ एक ही स्वर एक ही आवाज है।
मुझे हर कण-कण में तेरा अहसास है।
आखिर क्यों प्रिये कुछ तो बताओ?
इस जादुई रहस्य को मुझे भी समझाओ।

अरे !
तुम तो शर्मा गये, वाणी मौन,
अधर कपकपाये, अस्पष्ट से स्वर कुछ थरथराये।
शायद तुम भी यही सोचते होगे, आखिर क्यों?

वे वचन, वो कर्म जिन्हें पूरा करने का दायित्व हमने उठाया है,

अग्नि की साक्षी में उन्हें दुहराया हैं।
उस मंत्र वेदी का की पावन सुरभि एवं जिनवर के कल्याणकारी बोल,
हमारे भावों में नित दे रहे हैं, प्रेमामृत का घोल।

तभी तो हम नित्य और निकट आते हैं,
प्यार के रंग में और ज्यादा रंग जाते है।
आओ छोड़ सभी एक बार फिर प्रेम सागर में डुबकी लगायें।
बने पवित्र प्रेम का पर्याय, सिर्फ हम बन जाये।

(1981)

अनुपम सौन्दर्य

वह आज ही था, ठीक चार माह पूर्व, ऐसे ही सुंदर प्रभात के बाद
आने वाली निशा में, हम एक दूसरे से अपरिचित, फिर भी जुड़े हुए,
कुछ न जानकर भी सब जानते हुये एक दूसरे के करीब आये थे।
मेरे मन में तुम तुम्हारे मन में हम आ समाये थे।

शीत भरी वो रात, पल-पल करके बढ़ती हुई नीरवता,
सन्नाटे ने हमारे बीच के सभी रहस्य, मन-तन खोल दिये,
कुछ पल पूर्व के अपरिचित, एक-दूसरे के हो गये।
वहां जहां से कभी आने की चाह न हो,
मन में उमड़ रहे भावों की थाह न हो।
सचमुच जीवन की वह पहली अपरिचित निशा कितनी निराली थीं।
जिसमें चलती थमतीं, हर साँसें सिर्फ प्यारी थी
और फिर हम कहीं खो गये,
इस दुनियाँ से बहुत दूर हो गये।
वो स्वपनिल क्षण फिर उभर आये हैं
मन में अंजाना उन्माद लाये हैं।
जिसमें बहकर तन व मन तुम्हें पुकारता है।
तुम मेरे निकट हो, मन बस यही चाहता है
और फिर आज तो मौसम ही कुछ निराला है
रिमझिम बरसात व शीत लहर का बोलवाला है।
बताओ ऐसे में इस शयन कक्ष में,

क्या तुम्हारी याद नहीं आयेगी।
हर बीतें क्षण की स्मृतियाँ मस्तिष्क पटल पर नहीं छयेगी?
पर तुम तो बहुत दूर हो, बसे कहां हजूर हो।
चलो स्मृतियाँ ही काफी हैं इनके सहारे ही तुम्हारे
अनुपम माधुर्य को पाऊँगा,

तन मन को एक दूसरे में समाऊँगा।
शीघ्र ही हम कल्पनाओं को फिर मूर्तरूप देंगे।
जब एक दूसरे के निकट रहेंगे।
सच मजा आयेगा, जब तुम्हारा संग यह तनमन पायेगा।

(1982)

बन इक दूजे के आलंबन

रिश्तों को देकर नया नाम, हमने नव आज सजाया है।
कुछ छोड़ दिये कुछ किये काम, हमने नव ज्ञान बनाया है।
जब हम परिचित थे मानव से,
ब रिश्तों का कोई नाम न था,
फिर बढ़े कदम इन राहों पर, पर संबंधों में काम न था,
हम बढ़ते रहें नित दिन पल पल, संबंध नये नित-नित आये
इस विश्व गगन के प्रांगण में हमने कितने रस बरसाये।
उन निर्झर बहती धारा में, पीयूष को आज बहाया है।

वह दिन न जाने क्या वह था,
जब नींव नयी रोपित कर दी,
सारी दुनियां को भूल गये, संबंध सुरा पोषित कर दी।
हमने वह पथ चुना जहां से पतन लक्ष्य ही आता था
भटकी थी मानवता पल में और नर लक्ष्यहीन हो जाता था
पर आज छो़ड़ उन राहों को, पथ प्रगति आज अपनाया है। रिश्तों.......

जब पतन राह की वादी में हम कितने आगे निकल गये
तो कुछ पल राहत पाने को हम, जब एक जगह ठहर गये।
तो किया कर्म का अवलोकन, सोचा समझा और ध्यान दिया,
सच! यह तो त्रुटिमय कर्म बने, मन में भी इसका भान किया।

तो क्यों न कर्म हम वह त्यागें,
जिनसे मानव अकुलाया है। रिश्तों....

हमने स्थिर मन को करके, दृढ़ता को मन में अपनाया,
न कर्म करेंगे अब कदापि, कल दे नयनों मे अश्रु धारा।
पर संबंधों में नित्य प्रागढ़ता, हम नित प्रति ले आयेंगे।
यही सोचकर हमने अपना नव संसार बनाया है। रिश्तों.......

बनकर एकदूजे के आलम्बन, हम आगे बढ़ते जाएँगे।
हम सत्य बनेंगे, इस पथ पर, जग को देंगे एक राह नयी।
जिस पर चलकर संतुष्टि और सम्मान भी पावें नित्य सभी।
हर प्राणी सराहे, साथ चले, ऐसा अब लक्ष्य बनाया है।
रिश्तों को देकर नया ....

●●●

तब तक तुम्हें.......

अब बहुत दिन हो गये हैं प्रिये,

पर तुम्हारा प्यार भरा संदेश अप्राप्त है,

रोज ही करता हूँ प्रतीक्षा, पथ पर आने वाले संदेशवाहक की

पर उसका आगमन करता निराश है।

तुमसे विदा होने के बाद, सोचा था तुम्हारा संदेश आयेगा,

तुम करती हों मुझे याद, जैसे शब्द साथ लायेगा।

पर पता नहीं वह क्यों नही आया,

आकर उसने कोई गीत नहीं सुनाया।

मै प्रतीक्षारत हैरान हूँ, पाता हर गली सुनसान हूँ।

बताओं क्यों विस्मृत कर गये प्रिये,

क्या मधुर स्मृतियों का सचित

खजाना तुम्हें नहीं देता अवकाश है,

या विस्मृति की अनुभूति तुम्हारे पास है,

मैं तो दिन के हरपल में तुम्हें सजाये,

तुम्हारी मोहक छवि नयनों में बसाये,

कर रहा हूँ इंतजार,

कभी तो आयेगा तुम्हारा पत्र लिये ढेर सारा प्यार

विश्वास है प्रतीक्षा सुखद परिणाम लायेगी,

प्रिये की संदेशिका शीघ्र आएँगी

अच्छा अब करूँगा फिर इंतजार,

तब तक तुम्हें प्रियतम का ढेर सारा।

(1983)

सजीले स्वप्न सजाये हैं

तुम्हारी स्मृति में मैंने, मधुर एक गीत बनाया है।
तुम्हारे चितंन में मैंने, मधुर संगीत सजाया हैं
तुम्हारी यादों में मैंने, सजीले स्वप्न सजाये हैं।
तुम्हारी कंचन काया ने, नशीले नयन झुकाये हैं।
चलो लय गीतों को दे दो, नयन को अब न झुकने दों
तुम्हारे साथ बिताने को, नये आयाम बनाये हैं
तुम्हारी स्मृति में मैंने, सजीले स्वप्न सजाये हैं।

नव प्रभात पर नया स्वप्न, फिर तुमको आज सजाना है।
सारे वर्ष परिश्रम कर, उसको साकार बनाना है।
किसी तरह के अवरोधों में, तुम किंचित न घबराना,
निष्ठा, श्रम का आलम्बन ले, नित आगे बढ़ते जाना,
आज किसी का हो सकता है, पर कल सिर्फ तुम्हारा है,
जन्म दिवस के अवसर पर, यह संदेश हमारा हैं ।।

●●●

तुम्हें कैसा होता अहसास

बताओ प्रियवर मुझको आज, तुम्हें कैसा होता अहसास।

तुम्हारें मदमय नयनों में,

जब मैं झाँका करता हूँ,

दूर गहराई में जाकर भी

न ले पाता इनकी थाह। बताओ ....

तुम्हारी कंचन, कमल सी देह,

कभी जब कर लेता स्पर्श,

रगें झन-झन करतीं हैं,

थिरकते हैं दिल के सब तार। बताओ ....

तुम्हारे मधुर कंठ के गीत,

हृदय को करते जब स्पर्श,

दूर खो जाता हूँ जाकर

नहीं रहता काया के पास। बताओ.........

तुम्हारे मधुमय अधरों पर,

अधर जब अपने रखता हूँ, स्वर्ग के आलौकिक सुख तब,

कदाचित आते मेरे पास। बताओ .....

जब कभी तनमन की दूरी

मिटाकर हो जाते हम एक

उस समय की अनुभूति को

नहीं है शब्द प्रिये अब दास। बताओ.........

(1985)

चलो लौट घर को चलें

सूरज ने चादर समेट ली, निशा ने लहरायी
चलो लौट घर को चलें, विश्राम घड़ी आयी।
पक्षियों का कारवाँ आ गया, नभ की बहियाँ छोड़ के,
पीपल पै बैठे बतिया रहे, अपने अपनों को टेर के,
हाँक के खेत खलियान से, हीरा-मोती को ले चलें,
पोंछ पसीना, हुक्का ले के, कुईयाँ का पानी पी चलें।
सलूका, अंगोछा, उठाया, तो होंठों पे मुस्कान आयी।
चलो लौट घर...
उसरा पे ढिबरी जलाय के, गोरी ने खुद को सँवारा,
घैला में भरा ठण्डा पानी, 'तकता' में खुद को निहारा,
चूले पे महरी चढ़ाय के, ढोरों को पानी पिलाया,
माथे पे संदूरी सूरज, नयनों में काजल लगाया,
एक डढौना फिर लगाय के,
बाँकी चितवन से मुस्कायी। चलो लौट घर.....................
हल, बैल भीतर लाय के, बाखर में बाँध उसे आया,
खाट बैठ जब पिया पानी, शांति भाव मुख पे छाया,
घूंघट की ओट से परोसती, नयनों से मनुहार कर रही,
रूप, रस गंध मिलके मन में, तृसि का सागर भर रही,
मिट गयी थकान सारे दिन की,
थामी गोरी की गोरी कलाई।।
चलो लौट घर को चले...........
(ग्रामीण परिवेश श्रृंगार की बुंदेली रचना 1996 भुवनेश्वर)

●●●

मिट्टी में मिला बैठे (गीतिका)

मेरे तकदीर के मालिक, मुझे तुम क्यों भुलाये बैठे।
खता क्या हो गयी मुझसे, कि तुम मुझसे खफा बैठे।
हमारा प्यार पूजा है, ये तुमने ही बताया था,
मुहब्बत कैसे होती है, ये नगमा तुमने गाया था
उन नगमों की नज्मों की, खुद ही क्यों मिटा बैठे। मेरे तकदीर ...

प्रेमांगन में जूही को, तुमने ही खुद रोपा था।
धरा पर स्वर्ग लाने का, वो सपना तुमने देखा था।
क्यों अपने वो मधुर सपने, भंगुर अब करा बैठे।। मेरी तकदीर......

जहां के एक कोने में, घरोंदा एक बनाया था।
घरोंदे में मुहब्बत का, वो प्यारा घर बसाया था,
मुहब्बत के बने टीले, क्यों पैरों से मिटा बैठे।
मेरी तकदीर......
तुम्हारा ही ये तन मन है, इन सांसों में है स्वर तेरा,
लहू के कतरे कतरे पे, लिखा है नाम इक तेरा।
बता दो आत्मा को क्यों, तन से कर जुदा बैठे।
मेरी तकदीर......

(भुवनेश्वर 1999)

चलों आओ हमारे (गीतिका)

चलो आओ हमारे संग, हम भी तो तुम्हारे हैं,
तुम्हें आगोश में लेने को, हमने कर पसारे है।
''माना हम तुम्हारे हैं, व तुमने कर पसारे है,
हमारे सामने फिर भी, ये बैठे दुनियाँ वाले हैं।''

''तुम्हें जो प्यार हैं हमसे, हमें तुम भी, जो प्यारे हो,
क्यों फिर शर्म दुनियाँ की, सदा ही तुम हमारी हो।
सभी को ज्ञात है; दीपक; पतंगा प्यार करते हैं,
मगर दिन के उजाले में, वे भी दूर रहते हैं।''

सुनो और जान लो तुम भी, कमल, भँवरे को प्यारा है।
अतः दिन में ही भंवरे ने, कमल का रस चुराया है।
नहीं मालूम है तुमको, वे उपवन उजड़ जाते हैं।
जा अपनी महकती खुशबू, जहाँ भर में फैलाते हैं।

अतः यदि साामने जग के, ये अपना प्यार आयेगा।
तो जग के क्रूर हाथों से मलकर रोंदा जायेगा।।

वह है प्रियतम साथ तुम्हारा

सागर की उत्ताल तरंगे, पर्वत का अवरोधी पथ हो,
मरुभूमि सी दिशा हीनता, जंगल या दलदल कीचड़ हो,
काली रातें पूर्ण अमा की, संग दहाड़ते हिंसक पशु नर,
रक्तपात चहुँ ओर मचा हो, रोम-रोम को करता व्याकुल।

तोपों की भीषण गर्जन हो, नश्वर जग करता दावानल,
विश्व प्रलय सा, क्रंदन फैले, रोता और तड़पता जन दल।

इन सारी ही स्थितियों में, भयाकुलित परिस्थितियों में,
हँसता-हँसता रह सकता हूँ, अवरोधों को सह सकता हूँ,
सागर या अवरोधी पर्वत, उन्हें पराजित कर सकता हूँ।

काली रातों का सन्नाटा, हिंसक पशुओं का कोलाहल,
सहज सामना मैं कर लूँगा, सुखमय उनको भी कर दूँगा।
एक अस्त्र बस मेरी चाह है, वह है प्रियतम साथ तुम्हारा,
रोम-रोम में बसी हुयी तुम, साँसों के संग गुंथी हुयी तुम।
मेरी शिरा धमनियों तक जा, बूँद-बूँद में मिली हुयी तुम।

मस्तिष्क के हर कोष-कोष में, नयनों के गहरे सागर में,
अधरों के हर एक कम्पन में, और देह की भी सिहरन में,
मुझको तेरा साथ चाहिये, तुझसे एकाकार चाहिए।
हाँ। आशा या इच्छ शक्ति, कहूँ मनोबल नाम तुम्हारा।

●●●

निःसंकोच मेरी ओर

मैं तुम्हारी पीड़ा में सहभागी होना चाहता हूँ,

मैं तुम्हारे रोम-रोम में व्याप्त भय को हटा,

मन में साहस संचार कराना चाहता हूँ।

मैं तुम्हारी शून्य में ताकती आँखों में,

आशा के दीपों का प्रकाश संचरण करना चाहता हूँ।

बिना निद्रा की तुम्हारी बीतने वाली हर रात्रि को,

मैं मीठी नींद में बदलना चाहता हूँ,

तुम्हारा अपराध बोध मैं स्वयं लेना चाहता हूँ।

दे दो सब मुझे।

यह पीड़ा, यह अपराध बोध, यह क्रंदन, निरीहता,

भय एकाकीपन, सब मुझे दे दो...

मैं सब सह लूँगा, जब इनसे उवरूंगा,

तब संसार के सामने आऊँगा,

लेकिन यदि मैं तुम्हारी पीड़ा, संत्रास भय वेदना

कम,न कर सका तो, अपनेआप को अपराधी समझूँगा।

और इस अपराध बोध के बोझ से दबकर मैं अपने आपको

आत्मघाती पथ पर मोड़ लूँगा,

जो तुम्हें मुझे व सभी का पीड़ादायी होगा,

फिर संकोच क्यों ढकेल दो सब मेरी ओर निसंकोच।

उबरो तम की पर्तों से, अंकुरित होने वाले बीज की तरह।

जिसके स्वागत को प्रतीक्षारत है, आकाश, पवन, सूर्य, चन्द्रमा- अपनी अलौकिक आभा संग।

देने नवजीवन नया प्रभात, साहस सफलता व विश्वास।

(1992)

●●●

प्यार के सृजन संदेश

अतीत के साथ चलते-चलते,
हम आज उस वर्तमान पर आ पहुँचे,
जहाँ से सब कुछ, बिल्कुल साफ नजर आता है।
लगता कल की ही वो बात है, हम और हमारे परिजन,
तुम्हारे बाबुल के द्वारे गये थे, विशाल उत्साह, उमंग व आनंद से
हर चेहरा प्रफुल्ल, प्रसन्न प्रमुदित था,
ले आये थे तुम्हें, तुम्हारे अपने घर।
और फिर प्रारम्भ हुआ था वह
प्रमाण हमारी जीवन यात्रा का उद्भव,
गृहस्थाश्रम का प्रारम्भ,
असीम आश, इन्द्रधनुषी स्वप्न व अभिलाषायें संजोये,
हम बढ़ चले थे, एक-दूसरे की भावनाओं, कल्पनाओं को
मूर्त रूप देने के लिये,
और मन को तृप्ति का अहसास कराने को।
उन स्वपनिल दिनों में, हमें सिर्फ
एक दूसरे का ही अहसास था
हमारा दिल सदैव पास पास था,
हम रोज बढ़ते-चलते आगे-आगे थे,
और बातों ही बातों में 370 दिन निकल गये
वक्त के पटल पर हम एक वर्ष तयकर गये।
आज बैठे हैं उन्हीं स्वपनिल दिनों को और मधुर बनाने को
हर आने वाला प्रभात और सुखद बनाने को।
हमें विश्वास है कि हर नव उषा सुखद संदेश लायेगी।
अपनी सुनहरी रश्मियाँ हमारे, जीवन पथ पर बिखरायेगी।

हम नित्य, आगे बढ़ते जायेंगे,
जग में प्यार के सृजन संदेश फैलायेंगें।
इन्हीं सुखद कामनाओं के साथ,
तुम्हारा अपना प्यारा अरुण आज।

(1983)

कोटि कोटि

कोटि कोटि सद्भाव समर्पित प्रियवर तुमको,
मन के प्रियतम भाव समर्पित, प्रियवर तुमको।।
आज पुनः तरुणाई, कुछ इठलाकर आई,
नेह, प्रेम, श्रृंगार सजा, निज तन पर लायी।
अपने आँचल को फिर ऐसा लहराया,
नेह प्रेम का सागर फिर तुम पर लुढ़काया।
किया सरोवर नेह प्रेम के रस से तुमको,
मन के प्रियमत, भाव समर्पित प्रियवर तुमको
पॉंच वर्ष ही हुये, अभी पचपन भी होंगे,
चन्द्र, मेघ सम नित्य, धरा, अम्बर पर विचरो,
हम देखेंगे नेह सजाये, इन नयनों में
विचरण करती प्रिया और संग में प्रियतम को।
देवों के स्वामी, पर राज प्रिया नित पाये,
नृप दुहिता ही नित, सुरेश के स्वप्न संजाये।
धरा, गगन, सागर जब तक, ये मलय, पवन हो,
नित प्रेमामृत लिये, तुम्हारा यहाँ मिलन हो,
नित प्रेमामृत लिये, तुम्हारा......

(1988)

नयन अधर

रतनारे वे नयन, कि जिनसे आलोकित है,
धरा और अम्बर तक फैला यह भूमण्डल।
कंचन सी वह देह, लिये हैं संग जो अपने,
दिव्य रूप के सागर का, यह अनुपम मिश्रण।
और इसी में संग लिये वह अनुपम निधि जो,
सरस्वती की छवि का जग को बोध कराती।
नयन, अधर वे सरस, कपोलों की वह प्रिय छवि,
मुक्ता, देह को संग ले,काम की रति बन जाती।।
कुछ अनजानी प्यरी बातें कहती पलकें,
मेघ राशि से भरी हुयी, सागर सी अलकें,
श्यामल कुंतल जब बिखरें, निशा बोध करायें
अमा निशा में देह, शशि बनकर आ जाये।
स्वर लहरी जो मधुमय सोम धरा पर लाये,
नयनों की निधि लख, प्यासा जग तृसि पाये।
जिस दिव्य मूर्ति के संग में रहकर स्वर्ग बोध हो,
अनुपम शांति और तृसि का मिला योग हो,
इन कोटि कोटि निधियों के तुम्हीं, हो प्रिय, स्वामी
इस मनहारी गुण सागर की जग को दानी,
कृपा करो, कुछ दान मेरे कर में भी दे दो,
कुछ निधियों का सम्मान, मुझे भी प्रियवर दे दो।
ताकि तेरी करूँ अर्चना, तो न अनुभव हो
प्रबल हीनता, तेरे इस लघु सेवक को,
जय हो तेरी, मेरे प्रिय युग-युग तक जय हो।।

●●●

प्रियवर लो यह प्रथम प्यार

तुम आयीं जीवन आँगन में,
बनकर जीवन का नव श्रृंगार। प्रियवर......
वर्षों से खोज रहा था कुछ,
भटका इस वृहद विश्व में मैं,
न मिले तुम्हीं, मैं गया हार। प्रियवर........
जबथा निराश और थका हुआ,
एक ज्योति किरण फिर प्रगट हुई।
देने को तुम्हारा विपुल प्यार। प्रियवर.........
तुमको देखा, मन हर्षित था
अब लक्ष्य हमारा, हम तक था
छायी खुशियाँ, मन में अपार। प्रियवर......
जब आ ही गये, मन उपवन में
तो सदा सुरभिमय रहना तुम,
जग को देना नित नव बहार। प्रियवर...........
बस दूर नहीं अब वे पल प्रिय
जब बाहुपाश में तुम होगी,
न मध्य में होगी कोई दीवार। प्रियवर...........
फिर सृजन करेंगे हम मिलकर
सुरभित कर देंगे, धरा गगन।
देंगे जग को नित नव उपहार। प्रियवर....
तन मन मधुर स्मृतियों में
हम एक दूजे की अखियाँ में,
खो जायें लेकर प्यार प्यार। प्रियवर....

●●●

सपने अपने मधुर

तुम रहती हो मन उपवन में, रहकर भी बाहर जाती हो।
हृदय पटल पर छाकर प्रियतम, रोम-रोम में बस जाती हो।

तुम्हीं सामने, पीछे भी तुम, बिना तुम्हारे यहाँ नहीं कुछ,
तुम हो वीणा तुम हो गीत, बिना तुम्हारे न कोई कीमत।

इस नीरसता से भरे जगत में, तुम बिन कितना तड़प रहा हूँ
तेरी चाह में, तेरी याद में, तुझे ढूँढने भटक रहा हूँ।
आ जाओ अब नहीं संभलता, भटका मन यह टूट रहा है,

देखो मुझको बिना तुम्हारे, यह जग कितना लूट रहा है।
रोज रोज पलकें बिछाये, तुम्हें देखने तरस रहा हूँ,

तेरी यादों को दिल में, देखे कितना मचल रहा हूँ।
अब तो आओ, प्रियवर मेरे, जोड़ो नाते आज पुराने।
करो धरा पर मूर्त रूप दे, सपने अपने मधुर सुहाने।

(1975)

अधरों से अंकित

तुम्हारे अधरों से अंकित, प्यार के निशान,
तुम्हारी वाणी से मुखरित, दिल के अरमान।
तुम्हारे तन की भीनी भीनी सुगंध,
सब मिलकर बन गये हैं, जन्मों की पहिचान।
तुम्हारे नयनों में उभरती, प्यार की तस्वीर
तुम्हारे अधरों से छलकती, प्यार की तदबीर,
तुम्हारे गेशुओं में छाया, प्यार का वह रूप
सबने मिलकर बनायी है, प्यार कायह स्वरुप।
तुम तुम्हारा प्यार, तुम्हारे अरमान,
मेरे रोम-रोम पर अंकित तुम्हारे निशान।
तुम्हारी साँसों की मचलती, महकती खुशबू
ने कर दिया मजबूर मुझे करने को ये दिल तुम पर कुर्बान।

(1983)

जीवन पथ वो पथ है जिसका,
न निर्माण किया है उसने, न निर्माण करेगा कोई,
तुम्ही बनाओगे उस पथ को, ले संकल्प की ईंटों, रोड़ी।।
जीवन धारा, वह लय वाली, नहीं किसी पर्वत से आये,
न कोई उसकों संग में लाये,
व्यक्तित्व रूपी पर्वत से वह तेरे बहेगी,
साथ चलेगी,
ले के गीता का कर्तव्य हमजोली।

●●●

प्यार के निशान

जब दुनियाँ के झूठे दिखावे, मुझको कर देते हैं परेशान,
तो राहत दिलाते हैं, तुम्हारे द्वारा अंकित प्यार के निशान।
जब स्वार्थ, झूठ व फरेब के तीर,
तन को कर देते हैं लहु लुहान,

तो मरहम बनकर घाव मिटाते, तुम्हारे प्यार के ये निशान।
जब मन को बोझिल कर देती है,
बेमेल स्वरों की बदरंगी तान,

तो संगीत लहरियाँ सुनाते हैं, तुम्हारे ये प्यार के निशान
जब ताने प्रताड़ना व उपेक्षा सहकर, भारी हो जाते हैं कान
ते फिर से प्रसन्नता का अहसास कराते हैं,
तुम्हारे प्यार के निशान।

जब कंठ से नीचे उतर कर विश्वास घात के जहर,
लेते हैं मेरी जान,
तो अमृतपान कराते हैं, तुम्हारे ये प्यार के निशान।

प्यार व समता के अनुबन्ध

कुछ इस तरह ही तो था तुम्हारा वह भाव,
नहीं सुंदरतम, ना रूप का आभाव।
कटीली नहीं, पर सौम्य आँखें गुलाब की पंखुडियाँ नहीं, पर नर्म होंठ, नहीं सेब की
तरह अरुण, पर रक्तिम कपोल,
कोयल की तरह नहीं, फिर भी मीठे बोल,
न याचना न गर्व, स्वाभिमान का अहसास
न निमंत्रण न उपेक्षा, समता मनोभाव।
न गर्व से संसार को, झुठलाने की गूँज,
न ही किसी के पैरों तले, रोंद दिये जाने का भय।
प्यार व समता के अनुबंध पर, जीवन निभाने का संकल्प,
तुम्हारे लिये हर समस्या का, प्यार ही होगा विकल्प।।
स्वयं अतीत व भविष्य में जीकर,
दूसरों को वर्तमान में जीने की सलाह।
थोड़ी उपेक्षा सहकर भी, दूसरों को तृप्ति देने का प्रयास।
जिद व दर्प नहीं, एक दूसरे को समझने का,
व श्रेष्ठ पथ चुनने का अनुरोध।
तुमसे न होगा किसी को प्यार, न वितृष्णा
होगा बस अपनत्व का बोध।
तुम अपने उद्येश्य में सफल रहो, संसार को प्रेमानुबंध में बांधकर, दासी नही, न
स्वामिनी-अर्धांगिनी बनो,
मैं भी देता हूँ वचन, मित्रता के अनुबंध को निभाने का।
यदि कभी कोई गलत समझे तुम्हें तो उसे दिशा बोध कराने का।

(1982)

●●●

तुम्हारा मौन

समर्पण का प्रतीक था, या विद्रोह का,
न जान सका, इसमें भाव था कौन? तुम्हारा मौन!
स्वीकृति की आशा या उपेक्षा की दृष्टि
साथ में इसके था कौन? तुम्हारा मौन!
तुमने दिया था मुझे वरदान या अभिशाप,

कौन सा भाव और अभिव्यंजना थी कौन? तुम्हारा मौन!
आगे भी दोगी मेरा साथ,
या कहीं छोड़ दोगी किसी जगह चुपचाप
नहीं समझ पाया, इसके शब्द व भाव थे कौन? तुम्हारा मौन!

शुभकामनाओं का भंडार, मेरे दामन को था तैयार,
या मेरे विनाश का भाव,
वहां तैरता था कौन। तुम्हारा मौन!

न पा सका मैं प्रेरणा, न हुआ हताश।
जनती हो इसका श्रेय लेगा कौन। तुम्हारा मौन!

(1983)

●●●

रिमझिम रिमझिम

तुम आयीं थीं एक हवा के उस झोंके सी, जो आकर के, खुशबू देकर,

फिर बेसुध कर भाग गया है। दूर कहीं पर। तुम ....

बादल की काली बदली सम,

जो नभ में छाकर, तपिश मिटाकर, राहत देकर,

उड़ा चला है, दूर कहीं पर। तुम............

तुम बरसीं थी, रिमझिम रिमझिम उन बूंदों सम,

जो पृथ्वी पर, बरस बरस कर,

प्यास बुझाकर खो जाती है, भूस्तर पर। तुम................

तुम फैली थीं, तुम बिखरी थीं

शबनम के वो मोती बनकर, जो फूलों पर चमक चमक कर,

शीतल और शांति दे देकर खो जाते हैं।

फूलों ही पर। तुम.............

तुम लिपटी थीं, कोमल, नम उस बेल में बसकर,

जो पेड़ों को, सरक-सरक कर दे आलिगंन,

प्यार का बंधन बढ़ जाती हैं और कहीं पर। तुम.........

जब सुध आयीन खुशबू न छया ही थी,

न शांति मिली न प्यास बुझी थी

न आलिगंन, न प्यार का बंधन।

बस सूनापन और घुटन थी, बैचेनी, तड़पन बिखरी थी।

इसीलिऐ तुम फिर से आओ, खुशबू बनकर,

छया बनकरसदा-सदा को, राहत देना

न चल देना फिर बेसुध कर, झौंका बनकर। तुम........

● ● ●

आग बुझा जा रे

मेघा बरसे रिमझिम आये, आँचल में मोती भर जाये,
ऐसे में निंदिया किसको आये, याद सताये, तेरी याद सताये।

आजा-आजा रे, प्यार बुलाये, प्यासी हूँ मैं प्यास बुझा दे।
अंग लगा ले, चैन दिलादे,

आजा-आजा रे। साजन आरे।
बालों में पानी, गालों पे पानी,
दिल में मीठी-मीठी पीर समानी
तुझको बुलाये रे, मनवा पुकारे रे,

आजा -आजा रे प्यार बुलाये।
ऊपर जल है, नीचे आग लगी रे
मन की आग में, मैं झुलसी रे
आग बूझा जा रे। पीर मिटा जा रे।

आजा-आजा रे। प्यार बुलाये।

●●●

ये मीठी सी पीर

ये बूँदों का गीत, मृदुल संगीत, मन को लुभा रहा है।
ये अनचाही पीर, दिल का हर गीत, तुमको बुला रहा है।

प्यार के रथ पर होके सवार, आजा रे प्रीतम, आ मेरे द्वार,
मेरा मन बुला रहा है।।

ये वायु की तान व बूँदों की शान, स्वर को मिला रही है।
दिल में है पीर,तन भी अधीर, तुझ से कुछ कह रही हैं।

सुनने को आजारे बातें, प्यार में बीतें कुछ रातें,
यह रात कह रही है,

ये बादल की गूँज, बिजली की धूम,
कुछ कह-कह चमक रही है।

प्रीतम बिना री, तू यहाँ क्यों तड़प रही है,

कुछ तो तू मान, मेरे मेहमान रख मेरी आन।
मैं तुमसे कह रही हूँ।

बताओ कोई तो

वही दर्द फिर अब, कहीं से उठा है,
बताओ कोई तो मुझे क्या हुआ है।
वहीं प्यास फिर से अधरों पे आयी,
वहीं वैसी खुश्की, है ओंठों पे छयी।
बताओ कोई तो कहाँ क्या हुआ है। वही दर्द........

हृदय में कहीं टीस उठने लगी है,
दबी सी वो पर्तें, उखड़ने लगी है।
न जीने का मन है,न मरने की चाहत,
नहीं चैन दिल में,न दिल भी है आहत।
स्थिर यू मनवा भटकने लगा है। बताओ कोई..........

चंदा के संग में न चाँदनी आये,
फूलों के संग में न, भंवरे लुभायें।
रातों में निंदिया भी दामन बचाये,
जगमग ये ज्योति, मुझे न सुहाये।
लो तन का ये पंछी भी, तन से चला है। बताओ कोई..........

कदम तो बढ़ाओ

नहीं दर्द इतना कि मुझ को रुला दे,
नयनों से आँसू की नदिया बहा दे,
फिर भी कहूँगा, चली तुम तो आओ,
बढ़ाओ, बढ़ाओं कदम को बढ़ाओ।।
न तेरी यादों, के गम में पड़ा हूँ,
न तेरी चाहत में खोया यहाँ हूँ।
न तेरे दर्शन को, अंखियाँ ये प्यासी,
न मुझको तेरी तो, बतियाँ बुलातीं।
फिर भी कहूँगा चली तुम तो आओ। बढ़ाओ.......
न रातें ही डसती, न दिन मुझको काटे,
न गम कोई ऐसा, जो हम तुमको बाँटे,
न कान तेरी, आहट को चाहें,
न बदन तेरा, वो आगोश मांगे।
फिर भी कहूँगा चली तुम तो आओ। बढ़ाओ.......
न तेरे अधरों के अमृत का प्यासा,
न तेरे गीतों, को गाने का वादा
न ही ये निवेदन, है अनुरोध मेरा,
अकेले से अच्छा, सहारा जो तेरा,
अतः मैं कहूँगा फिर भी तुम आओ। बढ़ाओ.......
आओगी तुम तो, मैं स्वागत करूंगा,
तुम्हें अपने मन में, बिठा के रखूँगा।
न होगी शिकायत, न शिकवे ही होंगे,
तेरे दिल के अरमा, भी पूरे ही होगें।
अतः अब तो आओ, मेरे उर में आओ। बढ़ाओ.......

● ● ●

नारी-नदी

जब गति थी तब संचय न था,
संचय आया अब गति नहीं है,
पहले सब बतला देती थी,
दिल में रखकर अब बहती है,
यौवन से जब लदी पड़ी थी,
सुन्दरता से सजी पड़ी थी,
स्थिरता तब नहीं वहाँ थी,
एक पल को भी नहीं रुकी थीं।
पर जब यौवन ढलक रहा है,
रूप सलोना बदल रहा है,
तो स्थिरता गृहण-गृहण कर,
गति का मन्दन सतत बना है।
फिर जब वृद्धा हो जायेगी,
अल्हड़ पन जब मुरझायेगी,
बिखर पड़ेगा तेरा यौवन,
स्थिरता न रह पायेगी।
जगह-जगह से फूट पड़ेगी,
कदम-कदम पर टूट पड़ेगी।
जब त्यागेगी देह शिथिल यह,
प्रीतम प्यारे से मिल लेगी।
अस्तित्व हीन हो अस्तित्ववरण नव सागर से तेरा मिलाप।
सब खोकर भी पायेगी तूँ, सागर के दामन में शरण आज।

● ● ●

उषा चली मिलन को (गीतिका)

बिखरी है नभ मे, लाली, उल्लास नव लिये,
उषा चली मिलन को, प्रभात के लिये।
सारे गगन में देखो, लाली छिटक रही है,

पाँवड़े बिछ रही हैं, मेहमान के लिये।

उषा चली ....

रजनी चली है छिपकर, क्षीण दशा में आकर,
संग में चली है साजन, चाँद को लिये।

उषा चली ....

फूलों की बंद कलियाँ, घूँघट हटा रहीं हैं,
लगती हैं सब ये आतुर, रस पान के लिये।

उषा चली ....

मोहक मधुर से सुरभि, इतरा के वह रही हैं,
खुश हैं ये स्वागत हेतु मेहमान के लिये।

उषा चली ....

झरने का शीतल पानी, कुछ गाके गिर रहा है,
बजती हैं ज्यों शहनाई, एक तान को लिये।

उषा चली ....

चिड़ियों के झुण्ड देखो गा-गा के उड़ रहे हैं,
तोरण सजा रहे है, मेहमान के लिये

उषा चली ....

वृक्षों के गेशु देखो, कैसे बिखर रहे हैं,
मानों चँवर ढुरें हों, मेहमान के लिये।

उषा चली ....

देखो ये श्वेत मोती, जहाँ-तहाँ बिखर रहे हैं,
देंगे बना के माला, मेहमान के लिये

उषा चली ....

मंदिर में दूर देखो, संगीत बज रहा है,
भगवान भी तो खुश हैं, मुस्कान नव लिये।

उषा चली ....

अब तो कदम बढ़े हैं, दुल्हनिया आ रही है,
देगी समर्पण अपना, प्रभात के लियें।

उषा चली ....

क्यों रोते हो क्यों सोते हो,
क्या तुम्हें साथियों याद नहीं।
उन सबको जग ने भूला दिया,
जिनको स्वयं पर विश्वास नहीं।
संकल्प करो, दृढ़ निश्चय कर,
फिर कदम बढ़ाओ मंजिल को।
तुम सदा सफलता पाओगे,
न मिले ऐसी कोई बात नहीं।

कलमुँही (व्यंग्य)

श्वेत वर्ण मेरा है,

तन भी बहुत गोरा हैं

हाथ पैर सभी तो प्यारे हैं,

मेरे नैन नक्श तीखे व न्यारे हैं।

आवाज कोयल सी मीठी है,

मेरी हँसी कितनी सुरीली हैं

श्वेत, रंगीन सुन्दर परिधान पहनती हूँ।

सदैव काले रंग से दूर रहती हूँ,

फिर भी कलमुँही कहलाती हूँ।

मेरा दोष सिर्फ इतना है, कि नयनों में काजल लगाती हूँ,

ये रुप राशि सभी पर लुटाती हूँ, व

दिन सोकर, रात जागकर बिताती हूँ।

●●●

विरोधाभास

काले नैन सुहाये क्यों, काले गाल न भाये क्यों?

दाँत सफेद हैं प्यारे क्यों, बाल सफेद न भाये क्यो?

लम्बे बाल मोहक क्यों लगते, लम्बे दाँत न अच्छे दिखते?

काले गेशु रूप सजायें,काली त्वचा कुरूप बनाये?

चिकना सिर क्यों मन नहि भाये, चिकनी देह क्यों चित्त लुभाये?

तिल काला क्यों अच्छा लगता, रंग काला अच्छा नहीं जँचता।

जब कोमल त्वचा ही प्यारी है, क्यों बुढ्ढों में बीमारी है?

या माँसल देह ही चाही है, क्या मोटे से नाराजी है।

बदलो अपना दृष्टिकोण अब, काला, गोरा ये अब त्यागो

चिकना, कोमल, मांसल त्यागो, प्रेम भरा मन स्वीकारो

मन वीणा से संगीम मधुर जब नेह प्रेम का आयेगा

स्वीकारो हदय से इसको, संसार मधुर बन जायेगा।

●●●

मैं तुम्हारे नयनों में

मैं तुम्हारी पीड़ा में सहभागी होना चाहता हूँ,

मैं तुम्हारे रोम-रोम में व्याप्त भय को हटा,

मन में साहस संचारकराना चाहता हूँ,

मैं तुम्हारी शून्य में ताकती आँखों में,

आशा के दीप का प्रकाश संचरण करना चाहता हूँ।

बिना निद्रा की तुम्हारी बीतने वाली हर रात्रि को मैं

मीठी नींद में बदलना चाहता हूँ।

तुम्हारा अपराध बोध मैं स्वयं लेना चाहता हूँ।

दे दो सब मुझे-यह पीड़ा, यह अपराध नाथ यह वेदना,

निरीहता, भय, एकाकीपन सब मुझे दे दो...

मैं सब सह लूँगा जब इनसे उबरूंगा,

तब संसार के सामने आऊंगा,

लेकिन यदि मैं तुम्हारी पीड़ा, संताप भय वेदना कम,

न कर सका तो, अपनेआप को अपराधी समझूँगा,

और इस अपराध बोध के बोझ से दबकर में अपने आपको

आत्मघाती पथ पर मोड़ लूँगा,

जो तुम्हें, मुझे सभी का पीड़ादायी होगा,

फिर संकोच क्यों ढकेल दो सब मेरी ओर निसंकोच,

मैं तुम्हारे नयनों में हर्ष, उल्लास,

शांति व प्रगति के दीप जलाऊँगा,

हरपल चल तुम्हारे साथ, हरेक स्वप्न साकार कराऊँगा।

उल्लास सफलता, नेह की सरिता प्रक्षालन, रोम-रोम को कराऊँगा,

नन्दन कानन और परमानन्द की विभूति हर पल दिलाऊँगा।

गुँथी फूलों की डाली

लड़कपन कितना है तुझमें, तू कितनी भोली भाली हैं
या चंचल है बहुत ही तूँ, गुंथी फूलों की डाली है।
हमेशा होंठ पर तेरे, ये मुस्कानें थिरकती हैं,
तेरे प्यारे से माथे पर बिंदिया ये चमकती है।
कंठ में मोती की माला, करधौनी कमर सोहे,
कमर तेरी ये पतली सी, सभी के मन को ले मोहे।
वैसे दिल भी प्यारा है, तूँ अच्छे दिल की नारी है,
पर एक खोट है तुझमें, तू थोड़ी अहंकारी है।
अभी कुछ और समझूँगा, तू कैसी थी, तूँ कैसी है
मैंने जैस सोचा था, क्या सचमुच में तूँ वैसी है।
यदि तू वैसी निकलेगी, सब कुछ मैं लुटा दूँगा,
तेरे कदमों के आगे में, अपना सिर झुका दूँगा।।
अगर तू वैसी न निकली, तो भी तुझको न छोड़ूँगा।
सहारा अपना दे तुझको, सही राहों पे मोड़ूँगा।
वैसे तो तू नारी है, तेरी लीला निराली है।
लड़कपन कितना है तुझमें, तू कितनी भोली भाली हैं

(1976)

●●●

अगर प्यार पाना है

अगर प्यार पाना है मेरा, स्वयं को पूर्ण बदल देना,
कुछ बातों को तज देना और कुछ को तुम अपना लेना।
कुछ फूलों को चुन लेना, कुछ को तुम बिखरा देना,
कुछ बातों को याद करो, और कुछ को तुम बिसरा देना।
कुछ फूलों का त्याग करो तुम, कुछ कण्टक अपना लेना,
या कांटों को छोड़ के जग से, फूलों का संचय लेना।
फूलों की इस लदी डाल से स्वयं को कुछ समझा लेना,
जैसी प्यारी यह लगती है, स्वयं को कुछ यही बना लेना।
फल से लदी हुयी डाली से, निज को सीख सिखा देना,
जैसी झुकी हुयी रहती वह, स्वयं को नम्र बना लेना।
श्रेष्ठ गुणो को सदा ग्रहण कर स्वयं को श्रेष्ठ बना लेना,
अच्छी बातें सीख-सीख कर, जग में नाम कमा लेना।
अगर प्यार पान है मेरा, स्वयं को कुछ सिखला लेना।
कुछ बातों को तज देना, और कुछ को तुम अपना लेना।

(1976)

सुरभित होगा

याद मुझे अबवह दिन आया, जिस दिन तुमको प्यार किया था।

अपना यह तन, मन और धन भी, मैंने तुम पर वार दिया था।।

सोचा यह था सब तज दूँगा, इस दुनियाँ का, तुमको पाकर।

सारी तपिश भुला मैं दूंगा, तेरे मन की छाँव में आकर।।

तुम मुझ पर विश्वास करोगी, तुम पर मैं विश्वास करूंगा।

स्दा रहूँगा साथ तुम्हारे, कभी पार्श्व से नहीं हटूँगा।

खुश तुम होगी, मैं खुश हूँगा, दुख तो हमसे दूर रहेंगे।

बात अलग है इस दुनियां की, रव भी प्यार देख तरसेंगे।

पर अब लगता, सब सपना था, जो कुछ मैंने सोच रखा था,

भ्रम में थी मेरी वे आंखें, जिसने ये सब देख रखा था।

प्रेमांगनमें कभी हमारे, एक पुष्प न खिलने पाया।

जग निर्माण तो दूर रहा, ये स्वयं निर्माण न करने पाया।

खिंची खिंची तुम! कटी-कटी तुम! क्या आखिर ये खेल बना है?

पास बहुत पर दूर हैं फिर भी, कैसा अपना मेल बना है।

मेरी मानों अब भी संभलों, नहीं अभी कुछ बिगड़ सका है।

सुरभित होगा, वृक्ष प्यार का, जो इस पल तक झुका पड़ा है।

फिर बसन्त जीवन में होगा, पुष्प खिलेंगे इतने सारे,

सारी झोली हम भर लेंगे, भायेंगे वे मनको सारे।

खुशबू एक अनौखी होगी, जिसमें हम फिर रम जायेंगे।

अमर प्रेम का अमर वो जीवन, इस पल से हम पा जायेंगे।।

●●●

यह कपोल रह रह कर

निर्मिमेष सा देख रहा था मैं धरती पर,
सुन्दर और सलोनी मूरत थी प्रगटी अब।
धरती है या स्वर्ग यहाँ पर सोच रहा था,
तेरी रूप् राशि को मन मे तौल रहा था।
भोले नयना, प्यारी सूरत,रूप सलोना,
हिला दिया तुमने, इस दिल का कोना-कोना।
प्यारी सी मुस्कानें इन अधरों पे रहती,
चैन मेरे दिल का ये रह-रह कर हरतीं।
पर अल्हड़पन इस चेहरे पर खेल रहा है,
दिल की बातें ये नयनोंसे बोल रहा है।
घने केश यों नील गगन पर काले बादल,
बरस पड़ेंगें पल दो पल में करके हल चल।
ये कपोल रह रहकर रक्तिम हो जाते,
बरबस इक आकर्षण, इस चेहरे पर लाते।
बात-बात पर तेरा यूँ हीं चुप हो जानां
मन को कभी-कभी लगता है बहुत सुहाना।।
मधुर कण्ठ से जब प्यारे, से गीत निकलते
कितने प्यारे मेरे मन को, ये सब लगते।
मानों एक नदियां की, कल -कल ध्वनि आती हो,
कानों में अमृत कण मेरे बरसाती हो।
सुन शब्दों की लड़ियों को मैं खो जाता हूँ,
दूर बहुत ही किसी लोक में हो आता हॅं।
पर जब करके वादा नहीं निभाती हो,
तब तो मुझको ठेस हृदय में पहुंचाती हो।
कभी-कभी जब नखरे काफी दिखलाती हो,
बात-बात में तुम जब पीछे हट जाती हो।।
तब फिर अविश्वास की एक रेखा है खिंचती,

तेरी प्यारी छवि, मन में धुंधली सी दिखती।।
लगता तेरे वादे तो झूठे निकलेंगे,
चैन नहीं, मुझको ये बस बैचेनी देंगे,
फिर भी तुमको प्यार किया है और करूंगा,
अपने मन मंदिर में तेरा वास करूंगा,
तुम भी मेरे साथ अगर, संग-संग आओगी,
अपना जीवन सुखमय सदा-सदा पाओगी।

(1978)

प्यार भर दो

आज वर्षों से लगी वो कल्पना साकार कर दो,
जीवन में मेरे प्यार भर दो।
हृदय से मुझको लगा लो, वाहों में अपनी छुपा लो,
मेरे तन की सब रगों में, प्रेम का संचार कर दो।
जीवन में मेरे प्यार भर दो,
दीप सम स्वयं जला लो मुझको मेरा पथ दिखा दो,
सुन लो मेरा यह निवेदन, और फिर स्वीकार कर दो।
जीवन में मेरे प्यार भर दो।
आगे ही बढ़ना सिखा दो, पीछे हटने से बचा लो,
देवता बनकर मेरी यह, अर्चना स्वीकार कर लो।
जीवन में मेरे प्यार भर दो।
या मेरे संग पग बढ़ाओ, साथ में मंजिल तक आओ।
आज आके पास मेरे, एक नया संसार रच दों।
जीवन में मेरे प्यार भर दो।।

(1974)

तेरा प्यार पवन सा

भूल नहीं पाऊँगा उसको, तूने जो मुझको ही दिया है,
बहुत सोचकर यह सोचा है, तूने मुझसे प्यार किया है।
तेरा प्यार बर्फ सा उज्ज्वल, तेरा प्यार वारि सा निर्मल,
तेरा प्यार पवन सा शीतल, जिसमें छुपी अज़ब सी हलचल।
फिर भी नहीं सोच पाया मैं, क्यों तुमने मुझ को ही चुना है।
तेरे अंतःस्थल में झांका, तेरे मन के मर्म को आँका
तेरे प्यार के इस सागर ने, मुझको पूरा डुबो लिया है
तेरे संग मैं चल सकता हूँ, जल-थल कहीं विचर सकता हूँ
फिर भी नहीं थकूँगा किंचित, पूरे मन से यह कहता हूँ।
तेरे बस प्यारे से मन पर, मैंने तो विश्वास किया हैं।
अभी तो मुझको नहीं पता, किसको तूने सब मान लिया है,
सच कहता हूँ वहीं तो तूँ हैं, जिसने मुझको मित्र कहा है।
यह तो बिल्कुल नहीं कल्पना, इसमें पूरा सत्य छिपा हैं।

(1976)

हाय निष्ठुर!

हाय निष्ठुर तुम न पिघले,
तन भी अर्पण, मन भी अर्पण
बोल मुँह से नहीं निकले। हाय ....

नींद खोयी, चैन खोया,
तड़प के मन मेरा रोया,
अश्रु सीमा तोड़ निकले। हाय....

जागकर रतियाँ बितायीं,
रात भर तेरी याद आयी
स्वपन भी मुख मोड़ निकले। हाय.....

दर्द से दिल भर गया है
सुख का सायाढल गया हैं
मिलन को मन बहुत व्याकुल
पर तुम बाहर नहीं निकले। हाय......

(1974)

कोयल बोली

दूर कहीं जब बिजली चमकी, मन में उभरा नाम तुम्हारा,
बादल जब रिमझिम कर बरसे, मन में बरसा प्यार तुम्हारा।।
रवि की किरणें थल पर विकसी, मन में विकसा प्यार तुम्हारा,
शशि की चाँदी भू पर बिखरी, बरसा मुझ पर प्यार तुम्हारा।
कोयल बोली कुहुक-कुहुक कर, लगा मुझे तूँ बोल रही हैं,
दूर पपीहा यूँ कुछ रोया, आतम मेरी डोल रही है।
नाचा मोर जब पर फैला के, सोचा मैंने तुम्हें मनाया,
चली हवायें ठंडी-ठंडी, तूँ इठलाते दौड़ रही है।
देकर प्यारा सुख तू मुझको, जग को पीछे छोड़ रही है।
दूर कहीं जब बिजली चमकी....

●●●

साथ अपने

अवरोध बनकर आ डटोगी,
या प्रेरणा मेरी बनोगी।
मार्ग से विचलित करोगी,
या कर्म पथ पर ले चलोगी।
या सहारा देकर अपना,
साथ अपने ले चलोगी।
लक्ष्य पथ मुझको बता कर,
पूज्यनीया तुम बनोगी।
पथ दिखाओगी जल कर तुम,
या मुझे तुम जला दोगी।
बनके प्रस्तर दोगी सहारा
या मुझे तुम गिरा दोगी।
मुझे गिराओगी गर्त में
या मुझे ऊँचा बना दोगी।

(1974)

एक प्रश्न

पूँछ रहा हूँ एक प्रश्न मैं तुमसे, उत्तर मुझको देना,

क्या यही है लक्ष्य तुम्हारा, मेरी प्रतिभा को हर लेना।

प्यार तुम्हें दिल से करता हूँ, सचमुच तुम पर मैं मरता हूँ,

अपने हृदय के मंदिर में, तुझको बिठलाये रहता हूँ।

फिर क्यों सोच लिया है तुमने, मेरे साथ को ठुकरा देना। पूँछ...

मैंने तुझको प्यार किया है, तेरा ही श्रृंगार किया है,

सुख दुःख की उस हर बेला में, मैंने तेरा साथ दिया हैं।

पर तुमने क्यों सोच रखा है, मेरे प्यार को ठुकरा देना। पूँछ...

क्या यही तुमने सीखा है, कभी किसी से प्यार जताना,

उसके घावों को सहलाना, या अपना ही जी बहलाना

और जब जी में आया तो सभी छोड़कर, यूँ चल देना। पूँछ...

●●●

पर बन जाती हो

हूँ सोचता, तुम बनो प्रेरणा, पर बन जाती हो दीवार,
सोचा है पतवार बनो तुम, पर बन जाती हो मझधार।
सोचा है तुम दीपक बन लो, पर तुम तो तम फैलाती हो,
कहता हूँ कि बन तू शीतल, पर तुम शोले बन जाती हो।
कभी सोचता तुझे निदिया रानी, पर तुम निंदिया दूर भगाती हो।
जब कहता हूँ पवन बनो तुम, तो तुम आंधी सी बन जाती हो।
मैं तुमको कोमल कहता हूँ, तो कठोरता दिखलाती हो।
तुमको कितना चाहा मन ने, मेरे प्रेम को ठुकराती हो।
त्यागों तुम विरोध की राहें, नेह - प्रेम संग कर श्रृंगार
आओ साथ चलें हम मिलकर, तन-मन में ला एक विचार।

बीच भंवर में

बस इसलिए न जुटा सका मैं तुमको दौलत,
तुमने मुझको बीच भंवर में छोड़ा।
नहीं कर सका, पूरी तेरी कुछ माँगों को,
तुमने मुझको बीच राह पर यूँ ही छोड़ा।
नहीं हुई पूरी तेरी फरमाइशें मुझसे
तुमने मेरी ओर देखना बंद कर दिया।
ढूंढ़ लिया साथी, एक दिल बहलाने,
मुझसे सदा-सदा को तूने, नाता तोड़ा
नहीं मूल्य समझा, मेरे दिल के भावों का,
न सोचा,क्या होगा मेरे जलते घावों का?
कैसे महकेगी ये, उजड़ी बगियां फिर से
क्या होगा मझधार डोलती इन नावों का?
एक खेल समझा, दिल लेने देने को,
पकड़ा दामन पल को, और फिर इसको छोड़ा।
हाय लाज न आयी तुमको निष्ठुर
मेरे शीशे से दिल को तुमने दे तोड़ा!!!

(1974)

देती है आमंत्रण

तंग संकरी सी गली एक, जिसमें कुछ अट्टालिकायें।
झांकती हैं झरोखों से कुछ युवा कुछ बालिकायें।
पाउडर से लिप्त चेहरा, मुस्कराहट है अधर पर,
होंठ पर फैली कुटिलता, है नजर राही के धन पर।
है लुभाती उसके मन को, कर के कुछ भोंडी अदायें।

झांकती हैं...

होंठ पर सिगरेट रखकर, कुछ धुँआ बिखरा रहीं हैं।
कर प्रदर्शन अंग का कुछ, वासना भड़का रही हैं।
देती है आमंत्रण कुछ तो, फैला कर अपनी दो बाहें।

झांकती हैं...

तन से प्यासे व्यक्तियों को, तृप्ति तन से दे रही है।
बदले में कुछ अर्थ लेकर, हवस तन की हर रही हैं।
धन और तन का खेल करके, मान मिट्टी में मिलायें।

झांकती हैं...

होगा क्या परिणाम इसका, प्रतिफल हमको क्या मिलेगा?
पतित यौनाचार से यह, राष्ट्र गर्तों में गिरेगा।
बताओ ये युवा कल के, कैसे नैतिकता को पायें?
झाँकती है झरोखों से, कुछ युवा कुछ बालिकाएँ

(1977)

●●●

मैं कैसे जिऊँगा

क्या सोचा है तुमने, क्या समझा है तुमने,
ये बरसेंगे नैना, मैं कैसे जिऊँगा।
न तुम सो रहे हो, न मैं सो रहा हूँ,
यूँ ही जायेगी रैना, मैं फिर क्या करूँगा?
हुये तुम प्रताड़ित, तो क्या मैं सुखी था!
ये अपमान के घूँट, कब तक पिऊँगा?
पलके ये बोझिल, उदासी है मुख पर,
ये नयनों के आँसू मैं कब तक लखूँगा,
उदासी को छोड़ो, जरा मुस्कराओ
मैं भी श्याम पर्तों को दूर करूंगा।
जरा मुस्कराओ, अधर को खिलाओ,
बस देख के इनको, मैं भी हँस सकूँगा।
कदम को बढ़ाओ, इस पथ पे आओ,
तेरा साथ देने, मैं संग-संग चलूँगा।।

(1976)

बस होगा फिर मिलन

मनोरम सी इन रातों में, तेरी फिर याद आयी है,
अपने संग जुड़ी प्यारी सी, अनुभूति वो लायी है।

मनोरम......

किनारा था समंदर का, हम दोंनो पग बढ़ाते थे,
बढ़ाकर पग हम मस्ती में, बढ़ते आगे-आगे थे।
वही प्यारी सी छवि उसकी, इन नयनों में समायी है।

मनोरम...

बढ़े थे साथ हम दोनो पहाड़ों की उन राहों में,
जहां थे प्यारे कर तेरे, मेरा इन दोंनो हाथें में।
जो बहती थी हवा शीतल, वो फिर से बहके आयी हैं।

मनोरम .....

रातें थी वो मधुवन की, जहाँ से हम गुजरते थे,
बहुत से पुष्प उन राहों के, उन सायों में महकते थे।
प्यारी पुष्प की खुशबू, नथुनों से आ समायी हैं।

मनोरम ....

गुजरे थे वहाँ से भी, थी जलती रेत भूमि पर,
था मौसम गर्म भी काफी, चमकता सूर्य था सिर पर।
पसीने से नहाती छवि तेरी, दिल में उठ आयी हैं।

मनोरम........

इन्हीं बातों को तुम सोचो, इन्हीं में तुम भी खो जाओ।
मेरे दिल की कसक हरने, कदम को आगे तुम लाओ।
बस होगा फिर मिलन प्यारा जो अभिलाषा समायी है।

मनोरम....
(1976)

● ● ●

क्या तुम मुझसे

क्या तुम मुझसे रुष्ट हो गये,
या फिर काफी दुष्ट हो गये।
क्यों तेरी ये नसें खिंचीं हैं,
क्यों तेरी ये भवें तनी हैं।
क्यों तुम मुझको घूर रहे हो,
प्यार को क्यों तुम, भूल रहें हो ?
कड़ी-कड़ी नजरों से लखकर
क्यों मेरा दिल चीर रहे हो।
इतना गुस्सा, एक गलती पर !
इतना दण्ड बस एक त्रुटि पर !
इतना क्रोध दिखाते पल-पल,
दया नहीं आती है, मुझ पर।
सच कहता हूँ पूर्ण सत्य है,
देखो मेरे हृदय पटल पर।
इतना कष्ट अगर दोगे तुम
जी न सकूँगा मैं भी एक पल।
मुझको मेरा प्यार तू दे दें
क्रोध ये अपना वापस ले ले
सौम्य भाव चेहरे पर लाकर
मेरा यार मुझे तू दे दे।
जब तूँ प्यारा बन जायेगा,
तब ही मेरा डर जायेगा।
जब तू मुझे माफ कर देगा
रुका हृदय तब चल पायेगा

देखा तू प्रसन्न हो गया
खोया मेरा यार मिल गया,

चलो साथ हम अब चलते हैं,
अपने कदम बढ़ा चलते हैं।
नेह प्रेम ले साथ हृदय में,
नूतन पथ पर हम चलते हैं।

(1976)

तेरे प्यारे गीत को

प्यार करो इतना तुम सबको,
सरा जग अचरज कर जाये।
जन-जन के दिल में जा बैठो,
हर कही छवि तेरी दिखलाये।
तुम्हें सब आदर से देखें
साथ में पाकर दुख को भूलें,
सबके गीत तेरे गुण गायें
सदा बड़ों से मिले दुआयें।
इतने प्यारे बनो जगत के,
हर कोई नेह बरसाये। प्यार करो .....
देख तुझे, रोते हॅस जायें,
सुनकर स्वर, सोते जग जायें।
तेरे प्यारे गीत को सुनकर,
प्यारी धुन में सब रम जायें।
तेरे संग-संग कदम बढ़ाकर
सारा जग उन्नति कर जाये। प्यार करो .....

प्यास मिलन की

प्यास मिलन की दिल में उभरी,
भावों का तूँफा उमड़ाया।
बैचेनी मन में ही जागी,
याद मुझे बस तूँ ही आया।
सूना-सूना दिन है लगता,
सूनी-सूनी लगती रतियाँ
लगता है बस छोड़ के जग को
करे प्यार की मिलकर बतियाँ
तेरे बिन, ओ सुनले प्यारे,
धरा गगन तममय दिखलाया। प्यास.........
आकर दिल की प्यास बुझा दे,
मन को आके तू बहला दे
मेरे संग में बतियाँ कर कुछ
इच्छा मेरी पूर्ण करा दे।
कुछ पल ही ये जीवन होगा
न मिलने को यदि तू आया।
प्यास............

रात्रि के ही एक पहर में..

रात्रि के ही एक पहर में, एक झोंका आके बोला,
आओ सोयें हम यहाँ पर, है बड़ा मौसम सुहाना।

तनिक सा विश्राम करलें, मन की पीड़ा, थोड़ी हर लें,
मुक्त चिन्ताओं से हो लें, कुछ क्षणों को सब ही भूलें।
वायु शीतल वह रही है, किरण चंचल, चल रही है।
मन का पंछी उड़ रहा है, चाहकर तुमको उड़ाना।

है बड़ा ....

मन उड़ेगा फिर गगन में, तन रहेगा इस धरा पर,
हम चलेंगे छोड़ सबको, ढूँढने कोई ठिकाना।

है बड़ा ....

स्वपन में जा कर बसेंगे, नये परिजन फिर मिलेंगे,
जब पुराने याद आयें, फिर धरा पर लौट आना।

है बड़ा ....

आयेंगे हम लौट तन में, सत्य की अपनीधरा पर,
खोलकर देखेंगे नयना, दृश्य फिर से एक सुहाना।
न मिलेगा फिर बहाना।

है बड़ा ....
(1976)

•••

दिल में रह जाती हैं..

बातें आतीं हैं, बातें जातीं हैं
कुछ आतीं,कुछ जातीं, कुछ दिल में रह जाती हैं।
बातें.........

हृदय के कोने में, तरंगे उठतीं हैं,
गति अपनी लेके, ये विचरण करती हैं
सुख देतीं, कुछ दुख देती, कुछ यूँ ही जाती है।
बातें...........

समय जब सुखमय है, सब अच्छा लगता हैं
घिर आते दुख के बादल, जब बुरा सब दिखता है।
सुख में नयना, दुख में नयना ये बरसातीं हैं।
बातें............

●●●

मधुर सा स्पर्श

रात्रि के ग्यारह बजे थे, बैचेनियों में खो रहा था,
पलंग पर लेटा हुआ मैं, करवटें कई ले रहा था।
मीत आयेगा कहीं से, पास मेरे आ रुकेगा,
मधुरसा स्पर्श वह, मेरे तनमन पर करेगा।
पा वो स्पर्श प्यारा, सभी को मैं भुला दूँगा।
प्रेम की सुरभित सुरभि का, मधुर सा आन्नद लूँगा
न कोई आया, पास मेरे, स्पर्श कोई भी न पाया,
दिल की बैचेनी को हरने, मेरा प्रियतम नहीं आया।
पलक झपकीं कुछ पलों तक, बदन भारी हो रहा था।
था समय बारह का और फिर, मैं पलंग पर सो रहा था।।

(1978)

तुम विदा दो

तुम विदा दो मुस्कराकर, मैं चला अपने चमन को,
मुस्कराहट हो अधर पर, मत भिगाओ इन नयनों को।

तुम...........

याद आये जब मेरी तो, एक पत्ती तोड़ लेना,
घुमा के हाथों से उसको, ऐसे प्रियतम मोड़ लेना
बने जब स्थान उसमें, डालकर जल देख लेना,
मुस्काती प्यारी सी एक, छवि दिखेगी मेरी तुमको।

तुम..........

याद जब तुमको करूँगा, हाथ में कुलबुली होगीं
हृदय में होंगी तरंगे, बदन में झुरझुरी होगी,
कुछ न करना उस समय तुम, चूम लेना अपने तन को।

तुम..........

फिर मिलेंगे कहीं पर हम, प्यार के सुरभित चमन में,
पर्वतों की घाटियों में, या समन्दर के बगल में।
विदा दो तुम उसी पल तक, रख के मेरी याद मन में
मिलेंगे तो निहारूँगा तेरे चांदी से बदन को।

तुम...........

(1977)

●●●

जाने तुम क्यों ....

कभी साथ रहती साँसों के, मन में नित प्रति मुस्काती हो,
और कभी मन प्रांगण तज कर, चली कहीं तुम भी जाती हो।
जाने तुम क्यों खो जाती हो।।

साथ तुम्हारा हर्षित करता, मन में कोटि उमंगे भरता,
दुर्गम, दृढ़ पथरीले पथ पर, नित चलने को प्रेरित करता,
पर छल करके, जब न रहती, मेरी छाया से भी बचती,
तब तो मन में घोर निराशा, भय अवसाद है छाया रहता।
कष्ट, थकान देह में रहती, कभी क्रोध भी मन में आता,
बोलो! यह क्यों करवाती हो? जाने तुम क्यों खो जाती हो।

दृष्टि भेद

माँ !

चरणों में मन, श्रद्धावनत हो जाता है,
वक्षस्थल, शक्ति पुंज नजर आता है।

यहाँ से निकले बूँद-बूँद अमृत से, सृजित है मेरी देह।
''नयन'' भर देते हैं ''ममता'' का असीम भण्डार चहुँ ओर।
अधर, लगते हैं पूज्य तीर्थ,
जिनके स्वरों से व्यक्तित्व बना है यह
पाये संस्कार
कपोल, ललाट, दैदीप्यमान, आभावान,
जिनके ओज से मिला पथ प्रदर्शन
इस देह को।
''कर'' दृढ़ सम्बल, संवारा है मुझे
पग-पग चलना, लिखना, पढ़ना, आगे बढ़ना,
सिखाया इन्होंने।
सम्पूर्ण व्यक्तित्व मेरी माँ का।
भर देता है, श्रद्धा ममता, नेह, सेवा भाव
रोम-रोम में
करे सारा संसार वंदन, यही चाह मन में।।

पत्नी

पैर करते आकर्षित, सजे संवरे
आलते, बिछियां से।

वक्षस्थल, भरता रोमांच,
ललचाता बार-बार मन को,
निहारने, तेरा अप्रतिम सौंदर्य,

नयन,झील से गहरे,भरे कहीं-अनकही
सैंकड़ों गाथाओं से,
जगाते हुये कुछ मन में, मेरे तन में।

अधर, पंखुड़ियाँ गुलाब की, सजी ओस बिंदुओं से
तोड़ते, बंधन धैर्य का, खुश्क करें अधरों कों।

स्वर, कभी रस भरा, मिश्री सी घोलता,
कभी कर्कश, जब लिये रहता विरोध या अनचाही बात।
कपोल, ललाट स्निग्धता लिये, भरे मदमाती महक सें
कर देते सुखद स्पर्श आह्लादक, मादक।
सम्पूर्ण देह व्यक्तित्व अपनी सहचरी की,
करती रोमांचित, देती सुखद अनुभूति
सिर्फ मेरी है, बनायी है उसने, मेरे लियें
बड़े जतन से संवारा है
संसार जिसने।

प्रेमिका,

पैर नूपरों से सजे, जब कहो चूम लूँ
क्योंकि यही तो तुम्हारा है
आधार मेरा प्यार।

वक्षस्थल ! कौंधती बिजली रोम-रोम मेंदेखकरउसका-
तेरा चमत्कार,यौवन श्रृंगार !
खोया रहूँ,सोया रहूँ इनमें, लिये कोई भी आकार।।

नयन ! पाने को भीख प्रेमदान की, निहार रहा हूँ कब से।
इन्हें अपलक निरंतर।
लगते मेरे सुखद भविष्य के सृजन हार।
प्रवेश द्वार।

अधर ! करते लालायित रसपान को मद छलकता जो इनसे,
सिहराते रोम रोम को।
मेरे शुष्क अधर कबसे हैं बेजार
कर रहे इंतजार।

स्वर ! हर समय लगता इन्द्रसभा में बजते मधुरिम संगीत सा
बजा देता है सैंकड़ों सुरीली घंटिया मन में, तृप्ति की लालसा।
कपोल, ललाट दंत पंक्ति व लहराते केश।
छाये हैं मेरे मनोमस्तिष्क परसदियों से
खोया हूँ-इन्हीं के सौंदर्य
अदाओं में
भाव भंगिमाओं में

निकलना संभलना, इन जन्म में तो संभव नहीं अब !
कर, छूने पर झंकृत करते रोम-रोम
दौड़ता विद्घुत प्रवाह तन में।
किये नख शिख श्रृंगार, देह तेरी,

रंभा, मेनका, उर्वशी से भी सुंदर।
आठों प्रहर मन आतुर समाने को इसमें,
चाह, लिये रहूँ बाहों में, जीवन भर,
मदमाती मोहक सुगंध जादू व आकर्षक जो भरा इसमें।

कालगर्ल/वैश्या/पतिता,

अंग प्रत्यंग देते आमंत्रण कामुकता का,
करें आकर्षित मन को
व जब प्यास हो तन कों
ततपश्चात लगे सभी घृणास्पद/ त्याज्य
एक पल भी उन्हें देखना/ठहरना पास लगे अरुचिकर
???
हर बिम्ब में एक ही नारी। नाम/पद कोई भी हो,
माँ, पत्नी, प्रेयसी, पतिता, कुछ भी हो सकती हैं
वही देह वही व्यक्तित्व वही रूप वही रंग।
फिर अलग-अलग अनुभूतियाँ क्यों?
पुत्र/पति/प्रेमी /यौनाचारी को
क्या सूर्य से /चन्द्रमा से एक ही क्षण में
हमें अलग-अलग बोध होता है
क्या एक ही पदार्थ-फल विभिन्न स्वाद देता है?
यदि नहीं तो यहाँ अंतर क्यों? कौन है सही,
कौन कर रहा गलती?
सभी है अपनी अपनी जगह ठीक, किसी की नहीं गलती।
झूठ! सरासर झूठ। नहीं
जिसने उस व्यक्तित्व को जैसा देखा, सो पाया,
उसी प्रकार गाया।
उसी देह/व्यक्तित्व के विभिन्न अवसरों पर अलग-अलग रिश्तों में कार्य है अनेक।
इसीलिये उन सब में भी है दृष्टि भेद।।

रोम रोम में तृप्ति

सुनो प्रिये,
शुभ्र और उन्नत ललाट पर प्यारी बिंदी,
ऊषा की प्यारी लाली का बोध कराती,
सिंदूरीये माँग, प्रखर रक्तिम जो,
प्यारी छवि में अनुपम आकर्षण है लाती।
ये लोचन हैं,गहन झील से गहरे तेरे,
चंचल मृग से, कोई कहानी प्रेम की बोले
अलकं श्यामल, कुंतल जो बल खाते पल-पल,
पवन वेग से, उर वीणा में करते चलचल।
रक्तिम कपोल, ज्यों नभ सें प्यारी लाली छायी,
नर्म, रोमांचक स्पर्शों ने नींद चुरायी।
अधर रसीले, हो गुलाब की ये पंखुरियाँ,
आकर्षित करतीं रसपान को, बरबस मुझको।
दंत पंक्ति है धवल, सजी मुस्कानों के संग,
बिन मदिरा मदहोश कराने में है सक्षम,
आभूषण ये कर्ण, नाक, ग्रीवा के अनुपम,
चार चाँद की उपमा इस यौवन को देते।
ग्रीवा उन्नत, पतली, प्यारी कंठहार संग,
आज उर्वशी यहाँ धरा पर ही आयी है।
बाहें गोल, हथेली कोमल व आभूषण,
खन-खन स्वर, सरिता की लहरों जैसा,
उन्नत उरोज, गरिमा गौरव से भरे लदे जो,
नंदन कानन में रम्भा ज्यों रमण करे नित,
जब चलती हो, हिरणी मानो वन,उपवन में,
या बसंत में ऋतुराज मन को भरमा दे!
मुस्कानों के मोती प्रिय जब बिखराती हो,
चंचल नयनों से मद बाण चलाती संग में,

नख शिख ये सौंदर्य मचाता हलचल मन में,
मेरे संयम की अभेद्य शिला, पल में ढह जाती।
बाहुपाश में लेकर, तुमको रोम-रोम पर,
मैं अधरों से अंकित करता, प्रेम सरोवर।
श्वासों की गति तीव्र, तीव्रतम, पल-पल होती,
गहन निशा में बिजली जैसे कौंध रही हो,
और गरजते मेघ, बरसती मध्य निशा में।
रोम रोम में तृप्ति, धरा को जैसे मिलती।
एक लय,एक मन, साँस एक कर,
एकाकार समाते हम बस, उसी एक में।
पूर्ण निःशब्द, शांति व मौन पसरता,
पूनम का चंदा, ज्यों बरसाये अमृत।
न समाप्त हों ये पल, क्षण हम साथ सोचते,
सो जाते,खो जाते, सारे बोध भुलाकर।
यही स्वर्ग है? मोक्ष यही क्या! करते चिंतन,
शिथिल बाहु के पाश, शिथिल अरुयें बंधन।

(2022)

कटु यथार्थ

कोमल, कंचन रमणी काया में रम जाना,
और उसी में तृप्ति, सुख्म, रोमांच को पाना।
सत्य नहीं यह मृगमरीचिका है, सारी प्रिय,
देह तृप्ति में निश्चित नहीं, पूर्ण मिलता सुख!
क्षण भर तृप्ति, प्यास अधर, मन पर फिर आतीः
और भटकता मन प्रतिपल इस सघन तिमिर में,
अस्थि, चर्म की देह कहीं, सच्चा सुख देगी ?
भरी रक्त, मज्जा संग में, आधि, व्याधि से
नव मल द्वार सदा रिसते जो इसी देह से,
कीचड़, नाक, थूक, लार व स्वेद इसी में
मूत्र और मल सघन भरे है, इसी देह मे
जिनकी दुर्गंध नहीं सह सकते इक पल भी हम
महज देखने भर से व्याकुल हो जाता मन,
कैसे अनुरागी प्यारी हो सकती प्रिय ये ?
पल-पल घटती आयु व ढलता ये यौवन,
सघन झुर्रियाँ आती इस चंदा से मुख पर,
और अस्थियां उभर-उभर कर ऊपर आती,
बतलाओ सुख आकर्षण अब भी है क्या?
और उड़े जब प्राण पखेरू,क्या बचता है,
ले जाओ शमशान, जलाओ, सब कहते तब।
श्वान, काक का भोजन बनती, दग्ध देह यह
मृत काया जब पड़ी रहे, इस भू पर कुछ दिन
पास नहीं आते, प्रिय से प्रिय, कभी इसी के,
दुर्गन्ध, कृमि व कीडों से प्रिय यह भर जाती।
प्रियतम भी न रह पायें संग, मृत काया के,
कैसे, अनुपम, प्यारी, सबसे न्यारी होगी?

सहज बैठ, मन बसा प्रभु को, कर प्रिय चिंतन,
शनैः शनैः यह प्राण शक्ति उर्ध्वरत होगी,
और मिलेगी शांति, नेह, निर्झर सी शीतल ,
हृदय पटल पर, नयन मध्य में, नित ज्योतिर्मय।
देगी वह संतुष्टि, शांति,सरिता सम निर्मल,
रोम-रोम आलेकित होगा प्रखर रश्मि से,
जो प्रभु के चरणों में अर्पित होगी पल पल,
सकल विश्व फिर सदा रहेगा निर्मल, सुंदर,
प्रभु कर, के आशीष हमें सुख शांति देंगे,
उनके अधरों की मुस्कानें, अमृत सी प्यारी
अमर करेगी जीवन पथ, जो सृजनात्मक हो,
प्राणि मात्र की सुख शांति के बोध युक्त जो,
आओ उन चरणों में अर्पित करलें स्वयं को,
दिव्य सृजन का द्वार खोल दें जड़ चेतन को।

प्रीति कलश

जितनी प्रीति तुम्हारे मन में, उतनी प्रीति है मेरे मन में,
जितनी व्याकुल तुम हो प्रियमत, उससे ज्यादा हूँ व्याकुल में,
रोज सबेरे उठकर नित प्रति, प्रीतिकलश में भर लेता हूँ,
जल, थल, नभ, में प्राणि मात्र को,
उसको अर्पित कर देता हूँ,
क्यों कि जग के जड़ चेतन में,
तुम्हें देखता प्रति पल प्रिय में।।
सॉंसों की सरगम में तुम हो, ि
दल की हर धड़कन में तुम हो
पल-पल प्रतिदिन साथ हो मन के,
रोम-रोम में सुरभित बन के,
उच्छ्वासों मे निश्वासों में, निशा स्वप्न के मधुमासों मे
रोमांचित स्पंदित करती, मीठी प्यारी सी बातों में
करता सारे कार्य जो दिनभर, तुमको अर्पित करता वह मैं।
जितनी प्रीति ....

नाम	:	अरुण कुमार जैन
जन्म	:	23 दिसम्बर 1957. ललितपुर (उ.प्र.) में
माता-पिता	:	श्री सुशीला देवी जैन (धर्मपरायण श्राविका), स्व. बाबूलाल जी जैन (साईकिल वाले)
शिक्षा	:	डिप्लोमा सिविल अभियंत्रण, एम.ए. (हिन्दी)
प्रकाशन	:	1971-1972 से सारे देश की स्तरीय पत्र-पत्रिकाओं में कविता कहानी परिचर्चा, व्यंग्य, आलेख एवं लघुकथाओं लगभग 3000 प्रकाशन, नव भारत टाइम्स, साहित्य अमृत, दैनिक जागरण, भाष्कर, सरिता, सारिका आदि
प्रसारण	:	1981 से आकाशवाणी के रोहतक (हरियाणा, छतरपुर, भोपाल (म.प्र.) व कटक (उड़ीसा) केन्द्रों से कविता कहानियों व वार्ताओं का प्रसारण भुवनेश्वर दूरदर्शन के लिए कार्यक्रम का निर्माण व प्रसारण
कृतियाँ	:	• प्रतीक्षा (कहानी संग्रह) 1997, • भक्ति प्रसून (काव्य संग्रह) 1999 • पथरीला यथार्थ (कहानी संग्रह) 2003, • संजोग (उपन्यास) 2007 (पुरस्कृत) • नाटक, पटकथा, निदेशन व मंचन 'जहर से अमृत' 2010 • राजा बेटा (बाल उपन्यास) 2021 • लोरी ठिठोली (बाल कविताएँ 2021) • नया होंसला चिड़िया माँ का (बाल काव्य) 2022 • राजा बेटा, मराठी, मलयालम (यंत्रस्थ) 2021 • खून का रंग, ममतामृत (लघु कथा संग्रह) यंत्रस्थ • राखी के धागे • आओ बनाएँ संस्कारी संसार (आलेख) 2024 • मधुर स्पंदन (काव्य संग्रह) 2024, • लगभग 20 संकलनों में प्रतिनिधित्व (कथा, लघु कथा, व्यंग. आलेख) • Raja Beta (English) 2022 • Poisonous Trap (English Stories) 2022
अनुवाद	:	कुछ कहानियों व लघुकथाओं का उड़िया, मराठी मलयालम व बंगला में अनुवाद व प्रकाशन हुआ।
सम्पादन	:	• नवयुग (मासिक) झांसी, 1975-1978 • दर्पण (काशीपुर) 1980 • उत्कलिका (भुवनेश्वर) 2005-06 • ऋषभ वन्दन उज्जैन (2012) • सृजन संन्देश (उज्जैन) 2013 • प्रणम्य प्रेरणा (उज्जैन) 2014 • अरुणोदय (लखनऊ) 2019-2020
संप्रति	:	• भारतीय रेल से 2017 में सेवानिवृत्त वरिष्ठ अनुभाग अभियंता (निर्माण) • अमृता हास्पिटल फरीदाबाद (निर्माणरत) में गुणवत्ता निदेशक 2017 से

सम्मान : • महाप्रबंधक रे. वि. द्वारा राजभाषा कार्य हेतु 1998 व 2001 में • महाप्रबंधक रे. वि. द्वारा 2002 में तकनीकी सेवाओं हेतु सम्मान • ब्राह्मण इंटरनेशनल सभा उ.प्र. इकाई द्वारा • स्वागतिका सम्मान वर्ष 2004 (हिंदी साहित्य सेवाओं हेतु) कटक, उड़ीसा • मुख्य अभियंता रे. वि. द्वारा हिन्दी में सराहनीय कार्य हेतु 2004, 2008 व 2012 में • महाप्रबन्धक पू.त.रे. द्वारा हिन्दी में उत्कृष्ट कार्य हेतु 2004 में 2005 में 2007 में • भगवान बाहुबलि महामस्तकाभिषेक समिति श्रवणबेलगोला (कलकत्ता) द्वारा 2006 (संपादन सहयोग हेतु) • अखिल भारतीय साहित्यकार अभिनंदन समिति द्वारा • कलिंग जिन गौरव सम्मान भुवनेश्वर 2008 में • प्रेमचन्द्र साहित्य सम्मान (रेल मंत्रालय, भारत सरकार 2008) एवं देश भर की अन्य संस्थाओं द्वारा लगभग • बाल कल्याण संस्थान भोपाल द्वारा सम्मानित व तुलसी साहित्य अकादमी मथुरा द्वारा सम्मानित 50 अन्य सम्मान

संपर्क : वीनस 16. मीनाक्षी प्लानेट सिटी बाग मुगलिया भोपाल (म.प्र.) पिन - 462013

(वर्तमान) : 303, बी6 टावर, RPS रावाना रोक्टर-86 फरीदाबाद (हरियाणा) पिन - 121002

स्थायी : 14 महावीरपुरा दिगंबर जैन बड़े मंदिर के पास ललितपुर (उ.प्र.) पिन-284403

फोन- 9406648157, 7999469175

Mail Id-arun.k.jain2312@gmail.com

आत्मकथ्य : जब आस-पास घटित विभिन्न घटनाएँ मेरे भावुक मन को उद्वेलित करती हैं तो एक संवेदनशील रचना मानस पटल पर उभर कर लेखनी के माध्यम से सृजित होती है। आचार्य विद्यासागर जी महाराज उनका सम्पूर्ण संघ व माता अमृतामयी देवी जी (सम्पूर्ण विश्व में मानवीय सेवा के समर्पित कार्यों को निदेशिका) स्वभाव व सेवा पथ पर चलने के प्रेरक है।

अभिमत

आनंद व परमानंद को परोसती कविताएँ

'मधुर स्पंदन' काव्य संकलन आदरणीय बड़े भाई इंजी. श्री अरुणकुमार जैन द्वारा रचित संवेदनशील एवं सुकोमल भावनाओं से आपूरित एक अप्रतिम सुंदर कृति है। आपने प्रकृति की अनूठी रचना ननारी के अंतर्मन की उदात्त भावनाओं को अपनी लेखनी के माध्यम से इन कविताओं में बहुत ही स्वभाविक रूप से उकेरा है। एक पत्नी का पति के प्रति प्यार, प्रेम, आलिंगन, रूठना, मनुहार करना, माँ की ममता, दुलार, स्नेह, आशीष, बहन-भाई का प्यार, नोंक-झोंक, प्रेयसी का अभिसार, उलाहना- इन सभी कोमल भावनाओं का सुंदर चित्रण आपने अपनी इन कविताओं में किया है। एक कवि हृदय की भावभीनी व्यथा इन कविताओं में स्पष्ट झलक रही है। मानवीय भावनाओं के सुंदर चित्रण के साथ प्रकृति की अनुपम छटा भी जहाँ-जहाँ बिखरी हुई है। यही आपका प्रकृति प्रेम परिलक्षित होता है।

आपने अनेकों कहानियाँ, लघुकथाएँ, व्यंग्य, आलेख, बाल उपन्यास आदि पुस्तकों का सृजन कर हिन्दी साहित्य की महती सेवा की है। आप साहित्य जगत के आकाश में दैदीप्यमान सूर्य की तरह अपनी कुशल लेखनी के माध्यम से साहित्य सृजन कर सदैव आलोकित रहे। आपने एक कर्मठ अभियंता होने के साथ-साथ कोमल भावनाओं से ओतप्रोत हिन्दी साहित्य की अनेक विधाओं का सृजन कर हिन्दी साहित्य के एक कुशल हस्ताक्षर होने का परिचय दिया।

एक विद्वान, मनीषी, साहित्य प्रेमी, कुशल वक्ता, सहिष्णु, साधर्मी वात्सत्य, सहदयी व्यक्तित्व के धनी आदरणीय भाई अरुणजी जैन समाज के गौरव हैं। मेरा परम सौभाग्य है कि आपका सुखद सानिध्य पाकर मुझे बहुत कुछ देखने और सीखने का सुअवसर प्राप्त हुआ। आप हम सभी के लिए प्रेरणा स्रोत बनकर मानवीय धरातल पर सदैव प्रवाहित होते रहें। और इसी तरह साहित्य सेवा में संलग्र रहकर समाज को गौरवान्वित करते रहें।

ईश्वर आपको अपार शक्ति दें।

मंगलमयी शुभकामनाओं के साथ

श्रीमती नन्दा जैन, फरीदाबाद

कवि हृदय की भावभीनी रागिनी

श्री अरुण कुमार जैन का 72 कविताओं का संकलन 'मधुर स्पंदन' वास्तव में स्पंदित करने वाला है। पेशे से तकनीकि शिक्षा प्राप्त अभियन्ता (इंजीनियर) अरुणजी मानवीय भावनाओं, संवेदनाओं के भी कुशल यंत्री हैं। आप भावनाओं के समुंदर में गोते लगा सूक्ष्म संवेदनाओं की बेहतरीन कारीगरी करते हैं। यह आपकी अधिकतम रचनाओं में स्पष्ट नजर आता है। आप एक सफल कुशल व्यावसायिक अभियांत्रिकी सेवाएँ देते रहे हैं। और अब सामाजिक परिप्रेक्ष्य में मानवीय अनुभूतियों को यांत्रिकी आकार देते हुए उसके सौंदर्य को बरकरार रख सुमधुर रचनाओं में ढाल रहे हैं। आपके शब्द बड़े ही सहज-सरल हैं, जो यों ही सामाजिक प्रचलन में होने से रचनाओं के रसपान को लालायित करते हैं। जिससे अपनत्व का बोध होता है।

आपकी रचनाएँ अपने शिक्षकत्व को भी जीती हुई दिशा बोध करा जाती हैं। ऐसी ही एक रचना %दृष्टि भेद' है जो वास्तव में स्त्री देह को भेदती हुई आर-पार करा जाती है। साथ ही रिश्तों की बखिया उधेड़ती, समेटती, संवारती चली जाती है। माँ, बहन, प्रेमिका, पत्नी सभी स्वरूपों में आनंद व परमानंद को सहजता से परोसती है। साथ ही देह से अदेह की यात्रा को भी प्रेरित करती है। यह आपके सशक्त कलमकार होने को भी प्रकट करती है।

%अपना स्वप्निल सा संसार' रचना में आपका आत्मविश्वास झलकता है कि बड़े विश्वास के साथ आप रचनाओं के प्रवाह में डूबते उतरते जा रहे हैं। साथ ही पाठकों को भी इस स्नेहिल समुंदर में उतरने को मजबूर कर रहे हैं। मुझे आशा ही नहीं वरन पूर्ण विश्वास है कि आपका यह संकलन पाठक वर्ग को दिशा बोध करवा पाने का साहस जुटा जाएगा।

हार्दिक मंगलकामनाएँ

डॉ. चेतना उपाध्याय

कलमकार 9828186706

जिला शिक्षा प्रशिक्षण संस्थान, अजमेर, राजस्थान

रिश्तों के इंद्रधनुष से निकलकर वैराग्य बोध तक की यात्रा

जैसे कोई ऊँचाई पर खड़ा होकर निहार रहा हो सौंदर्य पहाड़ियों और घाटियों का। निहारता हो पुलक भाव से प्रकृति के विविध रूपों को, और अंतर का अनुराग रच रहा हो भावनाओं का इंद्रधनुष। बूँदों से संतृप्त बादल उसके समूचे अस्तित्व को आल्हादित कर दें और विचारों का प्रवाह शब्द गंगा बनकर बह जाए पन्नों पर, बन कर कोमलकांत कविता, जिसमे समूचे रिश्तों के लिए धन्यवाद का भाव हो, और अंत में इष्ट से मिलने की तीव्र उत्कंठा। ऐसा ही कुछ प्रतीत होता है इंजीनियर अरूण जैन की कविताओं से गुजरते हुए।

आपकी 'दृष्टि भेद' कविता मां के वात्सल्य की मुखर श्रद्धापूर्ण अभिव्यक्ति है। वह मां जो अपने ममत्व की बूंद बूंद से बालक का सृजन करती है, जो बालक के लिए शक्ति का पुंज होती है, उसे वंदना का नैवेद्य अर्पण करते हुए अरुण जी लिखते हैं कि 'सम्पूर्ण व्यक्तित्व मेरी मां का भर देता है श्रद्धा, ममता, नेह, सेवा भाव, मेरे रोम रोम में।' पत्नी के लिए भी उदात्त भाव से आप नमन करते हुए लिखते हैं कि 'अधर पंखुड़ियां गुलाब की, सजी इस बिंदुओं से, तोड़ते बंधन धैर्य का, खुश्क करें अधरों को,' इस कविता की श्रृंगारिक भाषा बरबस मन को मोह लेती है। नयन झील से गहरे में उपमा अलंकार का सौंदर्य दर्शनीय है। एक बात उल्लेखनीय है कि आप 'प्रेमिका' को भी पत्नी से कमतर नहीं आंकते और उसके मादक सौंदर्य पर भी रीझे नजर आते हैं। यह साहसिक स्वीकृति विरलों में ही देखने को मिलती है। वहीं आप वैश्या के रूप को शब्द देते हुए लिखते हैं कि 'अंग प्रत्यंग देते निमंत्रण कामुकता का, करें आकर्षित मन को, जब प्यास हो तन को' फिर नारी के तीनों रूपों को सराहते हुए प्रश्न उठाते हैं कि 'वही देह, व्यक्तित्व वही, वही रूप रंग। फिर अलग अलग अनुभूतियां क्यों? पुत्र, पति, प्रेमी, यौनाचारी को क्या सूर्य से, चंद्रमा से एक ही क्षण में हमें अलग अलग बोध होता है?' फिर आप ही उत्तर देते हुए कहते हैं, जिसने जो देखा वैसा पाया। वास्तव में नारी के अलग रूप नहीं वरन हमारी भावनात्मक दृष्टि का परिणाम हैं। यहां फ्रायड वाद प्रभावी रूप में आया है। 'रोम रोम में तृप्ति' कविता में वैचारिक भ्रमण के बाद पुनः अपनी पत्नी पर आसक्त सौंदर्य के विविध अपमान रचते हुए कहते हैं कि 'बिन मदिरा मदहोश करने में सक्षम' और अंत में जीवन का अंतिम सत्य बूढ़ी, कृषकाय, मरणासन्न देह मात्र समझने के बाद यात्रा का चरम बिंदु विरक्ति और वीतराग भाव तथा ईश्वर के प्रति प्रेमिका का सा समर्पण भाव 'कल मेरे प्रियतम आयेंगे' कविता का, वही आध्यात्म की भावविभोर अभिव्यक्ति है जिसकी अनुभूति में मीरा नाच उठी थी, कबीरा गा उठा था और सूरदास पा गए थे

दिव्यदृष्टि।

इन कविताओं को पढ़कर लगता है कि पुनः राजा भर्तहरि पहले 'श्रृंगार शतक' रच रहे हों, फिर 'वैराग्य शतक' और अंत में 'चलो घर लौट चलें' कविता पंच तत्व रचित अधम शरीर के पुनः पांच तत्वों में मिलने की कामना के साथ ही, आत्मा के परमात्मा में विलीन होकर, जन्म मरण के चक्र से मुक्ति की कामना करती है। ईश मिलन की तीव्र छटपटाहट और वेदना तो है ही इन कविताओं में, सार्थकता और सौंदर्य भी है।

कविताओं की भाषा सहज, सरल, निर्झर की तरह प्रवाहमान है। शैली रस पूर्ण और अलंकारिक है। भाषा केंद्रीय विचार को गति देती हुई विषयानुकूल है।

सुंदर सार्थक सृजन हेतु श्री अरूण जैन जी को बधाई एवम उन्नत लेखकीय भविष्य हेतु हार्दिक मंगल कामनाएं।

गोकुल सोनी
(कवि, कथाकार, व्यंग्यकार)
उपाध्यक्ष, लघुकथा शोध केंद्र, भोपाल